Capitaine A. LEDENT

Du 145e Régiment d'Infanterie

LES
Invasions de 1814-1815 et 1870
A MONTARGIS

(Extrait du *Spectateur militaire*.)

PARIS

Henri CHARLES-LAVAUZELLE

Éditeur militaire

10, Rue Danton, Boulevard Saint-Germain, 118

(MÊME MAISON A LIMOGES)

LES

Invasions de 1814-1815 et 1870

A MONTARGIS

Capitaine A. LEDENT

Du 145e Régiment d'Infanterie

LES Invasions de 1814-1815 et 1870 A MONTARGIS

(Extrait du *Spectateur militaire.*)

PARIS
Henri CHARLES-LAVAUZELLE
Éditeur militaire
10, Rue Danton, Boulevard Saint-Germain, 118
(MÊME MAISON A LIMOGES)

LES

Invasions de 1814-1815 et 1870

A MONTARGIS

L'INVASION DE 1814 A MONTARGIS

Ayant étudié sur place la bataille de Beaune-la-Rolande, bataille précédée des mouvements des troupes allemandes autour de Montargis, de leur passage et de leur séjour dans cette ville, j'ai eu la curiosité de rechercher, dans les archives de l'hôtel de ville, tous les documents se rapportant à l'invasion.

Dans des dossiers très volumineux, j'ai trouvé quelques renseignements intéressants au point de vue militaire, tant au point de vue des devoirs qui incombent aux municipalités et de leur mission difficile en ces moments, qu'à celui des fonctions de commandant de place.

Ce sont ces renseignements que je consigne ici.

J'en ai profité pour rechercher en outre les événements intéressant mon ancienne ville de garnison et ses environs, relatifs aux invasions de 1814 et de 1815.

A

ÉVÈNEMENTS HISTORIQUES

L'hetman Platow s'était présenté, le 30 janvier 1814, sous les murs de Sens qu'il canonna, et où commandait le général Allix. Celui-ci dut battre en retraite pendant que le prince royal de Wuertemberg entrait dans la ville et la laissait piller.

La marche des envahisseurs et le bombardement de Sens firent concevoir des craintes pour la sécurité de la ville de Montargis, qui n'était alors défendue que par 293 hommes du 121e de ligne et par la garde urbaine. En prévision d'une attaque certaine, les charrons, charpentiers, etc., furent réquisitionnés le 28 janvier, et une somme de 10.000 francs, prise sur les fonds de service des ponts et chaussées, fut mise à la disposition de M. Boucher, ingénieur, pour être employée à la mise en état de défense de la ville.

Le château devint une petite citadelle; des barricades entourèrent la ville, des fossés furent creusés, des chevaux de frise construits; les ponts furent minés; une compagnie de canotiers s'organisa.

Le 3 février, un groupe de 50 cosaques s'avança jusqu'à l'ancien couvent de Saint-Dominique; cette avant-garde était soutenue par d'autres détachements qui côtoyaient la lisière de la forêt.

Le major Legros, commandant la place de Montargis, fit battre la générale et braqua les deux pièces de canon dont il disposait sur le pont de la Chaussée; ses hommes s'embusquèrent derrière les maisons du faubourg. Un coup de canon et quelques coups de fusil firent prendre la fuite aux éclaireurs ennemis.

Les Alliés allaient bientôt revenir.

Relation extraite du registre des arrêtés du maire.

« Le 11 février 1814, M. Legros, commandant d'armes de la place de Montargis, informé et ayant la certitude qu'une colonne ennemie, forte de plus de 10.000 hommes, infanterie et cavalerie, campée depuis quelques jours sur la route de Courtenay à Souppes par Fontenay, et dont plusieurs détachements de 35, 50, 75 cavaliers se présentaient journellement depuis le 2 de ce mois sous les murs de cette ville, du côté de la route de Paris, avait effectué dans cette journée son passage à Souppes, dont elle était parvenue à rétablir le pont, et qu'une partie de cette colonne, au nombre de 2.000 hommes, se dirigeait sur Montargis par Château-Landon, jugea de la prudence de faire évacuer sans délai la place par la garnison, regardant qu'il serait contre les règles de l'art militaire de chercher à défendre cette position, attendu que la garnison, forte seulement de 293 hommes du 121e de ligne, presque sans munitions, et de la garde urbaine, à peine organisée et sans armes, ne présentait pas une force suffisante pour combattre avec avantage un ennemi aussi supérieur en nombre, et que, d'autre part, les travaux de défense ordonnés par S. Ex., le Ministre de l'intérieur, n'étaient pas encore achevés.

» L'évacuation de la troupe de ligne se fit en conséquence à minuit, ayant à sa tête MM. le commandant de place, sous-préfet, ingénieur, inspecteur des domaines (mot illisible), contrôleur, receveur des droits réunis et autres fonctionnaires publics, qui tous se dirigeaient sur Gien.

» Le 12 février 1814, la ville, réduite à sa seule garde nationale sans munitions, incapable par là même d'aucune défense ni résistance, fut envahie par une colonne de cavalerie composée de 1.800 hommes, tant Russes, hussards, lanciers, que cosaques. Cette colonne, dont 100 hommes avaient paru dès le matin au point du jour, sur les hauteurs dans le faubourg et à la porte de la Sirène, établie à l'angle de la maison dite l' « Ecu de la Montagne », dont le commandant avait demandé l'entrée, laquelle lui avait été refusée, pénétra dans la ville à 2 heures du soir, ayant deux canons de 7, mèches allumées. Arrivée sur la place d'armes, elle s'y rangea en bataille. Après quelques évolutions, elle en partit pour se porter derrière le château, au bout du faubourg de la Conception, sur la route d'Orléans, où elle établit ses camps dans les champs voisins de la maison de M. Habert, où se trouvait logé le commandant de la colonne, nommé Seslavin. Sur ces entrefaites et pendant ce temps, l'officier interprète du commandant se rendit à l'hôtel de ville, où se trouvaient réunis depuis plusieurs jours, par la force des événements et des circonstances difficiles, MM. le maire, adjoints et membres du conseil municipal. Là, cet officier fit, de la part de son général, des demandes sans nombre en denrées de toute espèce, en vivres et en subsistances pour les chevaux de la colonne. Le désir de conserver la paix et la tranquillité dans la ville, et la crainte de voir l'ordre public troublé portèrent MM. le maire, adjoints et membres du conseil à y obtempérer, après avoir fait plusieurs observations à cet officier. Des réquisitions en foin, avoine, paille, vin et denrées de toute espèce furent faites en conséquence aux habitants, qui les remplirent et les transportèrent aux différents camps.

» Le lendemain 13, nouvelles demandes de la part de l'ennemi pour la subsistance de la journée, auxquelles on ne put satisfaire qu'au moyen de réquisitions faites dans les communes rurales, surtout en foin, paille, avoine, grains, eau-de-vie et vin, objets de consommation dont la ville se trouvait en partie épuisée par les fournitures faites la veille et dans la nuit. A 10 heures, l'officier interprète du commandant se présenta de nouveau à la mairie et fit des réquisitions en drap, toile, bottes, souliers, fers pour les chevaux, etc. Les demandes du général, portées d'abord à :

» 3.000 aunes de drap,

» 2.000 aunes de toile,

» 60 paires de bottes,

» 300 paires de souliers.

» 400 paires de fers

furent réduites dans le jour à force de démarches et de sollicitations auprès du commandant, savoir, à :

» 750 aunes de drap gros gris,

» 250 aunes de drap fin,

» 200 aunes de serge rouge et blanche,

» 600 aunes de toile,

» 150 paires de souliers,

» 52 peaux de veau,

» 70 paires de gants,

» 200 paires de fers.

» Les mêmes motifs de considération dirigèrent encore MM. le maire, adjoints et membres du conseil municipal dans les réquisitions qu'ils se virent forcés de faire aux différents marchands de la ville pour se procurer ces objets.

» Cette réquisition remplie et complétée, M. le commandant en donna un récépissé, portant indication à MM. les chefs de colonne qui pourraient traverser cette ville de ne plus l'inquiéter par de nouvelles réquisitions. Au moyen de l'exactitude mise à remplir tant cette demande que celles faites à toute heure du jour et de la nuit, en vivres et denrées de toute espèce, l'ordre et la tranquillité publiques furent maintenus dans la ville.

» Le 14, la colonne leva ses camps et dirigea sa marche sur Orléans, en prenant les routes de Beaune et de Bellegarde, laissant seulement dans un de ses camps un capitaine et 60 cosaques qui, le 16, allèrent camper sous les murs de Saint-Dominique et y bivouaquèrent jusqu'au 20. A cette époque, la colonne qui s'était portée jusqu'à Orléans, où elle avait eu une affaire désavantageuse avec partie de la garnison sortie de cette ville, reçut tout à coup l'ordre de rétrograder (1); elle arriva et entra inopinément dans la ville à 8 heures du matin. A son arrivée, de nouvelles réquisitions en vivres de toute espèce furent faites et remplies. 400 aunes de serge, de dentelles et de drap furent encore fournies, malgré la promesse faite par le général, le 13, de ne plus rien exiger à l'avenir.

» A 3 heures du soir, cette colonne se mit en marche et partit de la plaine de Saint-Dominique, où elle avait établi son dernier camp, pour se porter sur Sens, en prenant la route de Courtenay par Ferrières.

» Fait à Montargis, le 23 février, jour où les commandants de place, sous-préfet, ingénieur et autres fonctionnaires publics et les 293 hommes du 121e de ligne revinrent de Gien et rentrèrent à Montargis. »

Après la prise de Sens par les alliés, la division Allix s'était retirée sur Joigny, puis de là sur Montargis ; elle arriva dans cette ville le 8 mars, à 2 heures du matin, venant de Châteaurenard, et bivouaqua à l'extrémité du faubourg de la Chaussée ; après un repos de quatre heures, la division continua sa marche sur Nemours.

Le général Allix et les officiers entrèrent seuls dans la ville. Pendant son court passage, le général fit placarder la proclamation suivante adressée au major Legros :

« J'ai l'honneur de vous prévenir que je vous charge spécialement de la défense du Loing au-dessus et au-dessous de Montargis jusqu'au Fusain. Vous aurez soin en conséquence de faire détruire et gâter tous les gués sur le Loing. Vous emploierez à cette défense non seulement les

(1) Effets de la bataille de Montereau.

troupes de ligne sous vos ordres, mais encore tous les hommes armés des villes et villages situés sur les bords de la rivière, surtout sur la rive gauche, à qui vous donnerez une organisation propre à cet effet.

» Tout individu qui se refuserait aux ordres que vous donnerez, ou qui quitterait son poste en présence de l'ennemi, sera arrêté et conduit à mon quartier général pour être traduit à une commission militaire comme fauteur de l'ennemi.

» ALLIX,

» commandant la 18e division. »

Le général blâma le maire de ne pas s'être opposé à l'entrée des Russes dans la ville, lui dit même qu'il méritait d'être pendu, mais que si l'ennemi se présentait de nouveau, il comptait qu'il réparerait sa faute, car il était de son devoir de laisser réduire la ville en cendres plutôt que de la rendre. Il ordonna que le château serait approvisionné de 7.400 rations de pain, viande sur pied, vin, eau-de-vie, légumes secs et sel, et de 900 rations de fourrages.

De nouvelles fortifications furent établies, des redoutes construites autour du château ; les portes furent fortifiées et la garnison reçut de nouveaux renforts.

Le 11 mars, le major Legros adressa la lettre suivante au général Hullin :

« Mon général,

» Le parti ennemi qui, hier matin, a intercepté la route de Nemours à Montargis s'est retiré à quelques lieues. Attaqué dans sa retraite par les habitants de Pers, ayant le curé à cheval à leur tête, et secondés par ceux de Ferrières, il a abandonné à Chevry la malle de Paris et la diligence de Montargis, dont il s'était emparé le matin près de Fontenay.

» Sur l'avis que ces deux voitures se trouvaient dans un

bois en avant de Pers, j'envoyai sur-le-champ 100 hommes de ma garnison pour les ramener à Montargis ; elles y sont rentrées ce soir, sans que rien en ait été distrait ; des rouliers et des postillons ont été délivrés de la même manière.

» La conduite du curé de Pers mérite des éloges ; il a surtout donné l'exemple ; il a fait feu le premier sur l'ennemi ; mais, descendu de cheval pour se mettre en ligne avec ses paroissiens, son cheval s'est échappé et est allé se réunir à ceux des cosaques.

» Les habitants des campagnes montrent beaucoup de bonne volonté à se défendre ; je leur fournis tous les moyens que j'ai à ma disposition pour soutenir leur ardeur.

» Pour vous donner plus de détails sur l'affaire de la commune de Pers, je vais vous faire connaître le rapport qui en a été dressé (1) :

« M. le curé de Pers, l'abbé Pothier, ayant été averti, » le 10 mars, qu'un parti de cosaques, détaché du camp » de Saint-Valérien, s'était rendu par Ferrières dans les » environs de Fontenay, sur la route de Paris à Lyon, pour » intercepter les communications, et s'était même emparé » de la malle-poste et de la diligence, prit la résolution de » s'y opposer, et réunit à cet effet quelques habitants de » sa commune, et se mit à leur tête. Il se porta au-devant » de l'ennemi avec sa petite troupe, composée de 10 hom- » mes bien armés de fusils doubles, et le rencontra à » 10 heures du matin, sur le chemin de Ferrières au » Bignon. 5 hommes seulement escortaient la prise que » l'ennemi avait faite. A leur approche, entre les hameaux » des Rondiers et d'Urson, le curé mit aussitôt le sabre à la » main et fondit sur eux. Au premier coup de fusil, l'un » des deux cosaques de l'avant-garde prit la fuite ; le

(1) Boivin, Mémoires manuscrits existant à la bibliothèque de Montargis. — Archives du ministère de la guerre.

» second fut blessé grièvement d'un coup de feu à l'épaule ; » les trois autres, épouvantés, prirent également la fuite, » en abandonnant chevaux, voitures et gens.

» Dans la crainte d'être surpris par un plus grand nom- » bre, le curé fit conduire la prise dans le bois de Nor- » ville, voisin du poste où il était placé. Au même instant » il fut averti de nouveau qu'une portion du même déta- » chement, restée en arrière, amenait dans la même direc- » tion une voiture chargée de marchandises ; il s'y porta » aussitôt, fit tirer sur l'escorte qui abandonna la voiture, » laquelle fut conduite au village. Mais peu de temps » ensuite, les cosaques entrèrent en grand nombre dans » Pers et demandèrent qu'on leur rendît les voitures. Ne » pouvant rien obtenir, ils mirent le feu sous celle du rou- » lier qui, par ce fait, perdit pour plus de 6.000 francs de » marchandises. L'ennemi se retira ensuite et aussitôt » M. le curé fit part de ces événements au commandant de » la place de Montargis, qui envoya 100 hommes pour » servir d'escorte aux voitures, qui furent ramenées à » Montargis.

» Le 15, la commune de Pers fut frappée de réquisitions » par l'ennemi, savoir :

» 2 vaches,

» 800 décalitres d'avoine,

» 300 kilogrammes de pain,

» 600 bottes de foin.

» Le tout allait être conduit au camp de Saint-Valérien, » lorsque le curé s'y opposa et menaça les habitants de » s'emparer du convoi et de le faire conduire aux troupes » de la garnison de Montargis. Les habitants cédèrent à sa » demande aussitôt pour observer l'ennemi. Le curé se » rendit le 16 au matin au Bignon, où il vit une dizaine de » cosaques qui se rendaient de Chevry à Fontenay par la » même route qu'avaient tenue ceux du 10. Présumant » qu'ils reviendraient le soir par le même chemin, il orga-

» nisa de nouveau une compagnie et se rendit, sur les » 5 heures du soir, dans une vallée entre Chevannes et » Pers; il plaça à 20 pas de son petit corps, au bout du » bois appelé la Boulinière, un avant-poste auquel il re- » commanda de ne faire feu que sur la deuxième personne » du détachement, dans la crainte que la première ne fût » un guide pris dans le pays; quant à lui, il resta avec le » surplus de ses hommes dans un bois élevé appelé le » Miroir.

» A 8 heures du soir, par un temps des plus noirs, trois » coups de fusil firent connaître que l'ennemi était en » présence; le poste avancé se replia sur le petit corps » commandé par le curé qui, aussitôt, fit une fusillade très » nourrie. L'ennemi, n'étant qu'à 15 pas, tous les coups » portèrent et le forcèrent à la retraite. Dans l'impossibilité » où on se trouvait, à cause de l'obscurité, de faire des » recherches sur le champ de bataille, le curé laissa une » garde de nuit et se rendit chez lui avec le reste de son » monde et le postillon de la malle qui venait d'être pillée » à Fontenay.

» Le lendemain, à la pointe du jour, on trouva 12 cosa- » ques morts; 5 autres, blessés, moururent au camp de » Saint-Valérien.

» Le même jour, Pers fut envahi par 150 cosaques qui, » pour se venger, se livrèrent au pillage pendant une partie » de la journée; ils emmenèrent 15 habitants, la corde au » cou, au camp où on menaça de les fusiller s'ils ne dénon- » çaient pas le chef de l'expédition. Ils furent cependant » remis en liberté après avoir affirmé que le coup avait été » fait par des troupes de la place de Montargis. »

Pour ce brillant coup de main, le curé de Pers fut décoré de la Légion d'honneur (1).

(1) On ne peut guère trouver d'exemple d'une embuscade aussi bien tendue.

Le 9 avril, une colonne de 1.800 cosaques de la garde venant de Pithiviers, se présenta à la porte de la Sirène, se disposant à traverser la ville pour se porter sur Château-Renard. L'alarme fut aussitôt donnée. La garnison, rentrée de Gien, et augmentée de plusieurs détachements de l'armée d'Espagne et de gardes nationaux vendéens, prit immédiatement les armes. Le commandant de place (accompagné du sous-préfet et du maire) — malgré la supension d'armes — s'opposa au passage de la colonne, afin d'éviter une collision possible entre les cosaques et la garnison ; mais il leur donna des guides pour les faire passer par le Gué-aux-Biches.

Le même jour, 9 avril, fut distribué clandestinement dans la ville un écrit ainsi conçu :

« ARRÊTÉ DU PEUPLE FRANÇAIS

» Considérant que la ville de Paris a manqué à la fidélité qu'elle avait vouée à S. M. Napoléon, notre très auguste et bien-aimé Empereur, en recevant dans ses murs les ennemis de l'Empire et en voulant placer sur le trône de ce souverain de la Nation française un prétendu Louis XVIII, espèce de roitelet présenté par l'Erostrate de la Russie, le Néron prussien, le Chilpéric anglais et l'Antiochus autrichien ; que non contents de ce, les monstres qui habitent cette cité, si justement appelée par les coalisés, depuis son parjure, la Grande Cosaquie, osent encore répandre dans les villes de l'Empire qui soutiennent la bonne cause, celle de Napoléon le Grand, et qui lui sont restées fidèles, des journaux, proclamations et autres écrits séditieux tendant à corrompre la fidélité des bons citoyens qui les habitent et de les rendre parjures comme eux.

» Vu ces motifs, le Peuple français, levé en masse pour se venger quand il en sera temps,

» Arrête ce qui suit :

» Art. 1er. — L'infâme ville de Paris s'étant parjurée et ayant pris le 31 mars dernier, le nom de Cosaquie, et ses habitants celui de Cosaques, nous déclarons que toute ville qui aura quelque relation avec cette cité ennemie sera considérée comme rebelle à la Patrie, au Grand Napoléon, et punie comme telle.

» Art. 2. — Tout citoyen qui recevra les journaux et autres écrits provenant de la Grande Cosaquie (ci-devant Paris) et s'abouchera par cet effet avec les libellistes de ce mauvais lieu, sera déclaré ennemi de la Nation et de son auguste souverain et énergiquement effacé du nombre des Français, et puni de mort à l'heure de la vengeance.

» Art. 3. — Les citoyens qui s'honorent du nom de Français et voudront être reconnus comme tels sont tenus de s'armer et de se tenir prêts au premier rappel qui sera fait par l'empereur Napoléon, de le suivre partout où besoin sera et de verser jusqu'à la dernière goutte de leur sang pour la défense de son trône. Ce n'est qu'à ce titre et à ceux de l'article suivant que nous reconnaîtrons les vrais Français.

» Art. 4. — Nous déclarons que nous ne reconnaîtrons pas bons et fidèles Français et sujets de Napoléon Ier, notre Empereur, ceux qui ne prendront pas la devise suivante :

» A bas Louis XVIII et les traîtres qui composent le Gouvernement provisoire.

» Vive à jamais Napoléon et le roi de Rome.

» Haine implacable aux Parisiens cosaques et aux autres ennemis de notre belle Patrie.

» Guerre à mort plutôt que de faire une paix honteuse qui nous priverait du monarque que nous nous sommes choisis.

» Point de Louis XVIII, ni de droits réunis.

» Vive Napoléon, protecteur de la liberté des cultes.

» Au palais de la Vérité, l'an de grâce 1814, scellé de notre grand sceau de justice et de fidélité.

» LE PEUPLE FRANÇAIS. »

Le 11 avril, un détachement de houzards hongrois, venant de Joigny, traversa le faubourg de Paris.

Le 20, Napoléon, venant de Fontainebleau, où il avait fait ses adieux à sa vieille garde, arriva à 4 heures du soir à Montargis, dans une voiture à six chevaux. Il était escorté des commissaires des alliés, qui l'accompagnaient jusqu'au point d'embarquement pour l'île d'Elbe. Le 1er régiment de chasseurs de la garde, arrivé le 16 à Montargis, où il devait tenir momentanément garnison, forma la haie sur son passage.

B

ORDRES DES AUTORITÉS DU DÉPARTEMENT

Réquisition des chevaux et des armes.

Montargis, le 27 janvier 1814.

Le sous-préfet de l'arrondissement de Montargis aux maires des communes de l'arrondissement.

MONSIEUR,

M. le Préfet me fait connaître que le contingent assigné au département, dans la livraison des 2.500 chevaux d'artillerie ordonnée par décret impérial du 22 de ce mois, est de 100 chevaux, dans le nombre desquels mon arrondissement est compris pour 22.

Pout faciliter et accélérer la livraison du contingent qui m'est assigné, je l'ai subdivisé entre les cantons; d'après les bases que j'ai adoptées, le vôtre doit fournir 2 chevaux de 4 P. 9 à 11 p. et 2 de 4 P. 7 à 9 p. Les chevaux doivent être âgés de 5 à 9 ans... Le prix de chaque cheval est fixé à 400 francs... Les chevaux devront être conduits à Orléans, et de là à Rambouillet (par des conducteurs choisis par le propriétaire; 1 conducteur par 4 chevaux au plus).

P.-S. — M. le Préfet m'informe que S. E. le Ministre de la guerre prescrit de faire armer en fusils de munition français et étrangers, fusils de chasse et fusils de toute espèce, les gardes nationaux du département levés en exécution du décret impérial du 6 de ce mois...

Gardes forestiers.

Monsieur le Sous-Préfet.

L'ordre qui prescrit la réunion des gardes forestiers les assimilant à la troupe de ligne, j'ai l'honneur de vous prier de faire délivrer les vivres de campagne aux 18 gardes des eaux et forêts qui se trouvent ici et qui, à dater d'aujourd'hui, sont employés à un service militaire.

Le 4 février 1814.

Le commandant de place,

LEGROS.

Vivres à la garnison.

Montargis, le 8 février 1814.

Monsieur le Maire,

Le 4e bataillon du 121e régiment, qui reste ici en garnison par ordre de S. E. le Ministre de la guerre, doit recevoir la totalité des vivres de campagne. Ils lui sont dûs aujourd'hui. Veuillez les lui faire délivrer comme par le passé, en y ajoutant des légumes secs.

Le major, chevalier de l'Empire,
commandant à Montargis,

LEGROS.

Réquisition de chaussures.

Le Préfet du Loiret à M. le Maire de Montargis.

L'Empereur vient d'ordonner qu'il soit fait à Paris un approvisionnement de 100.000 paires de souliers, et ce département est appelé à y concourir pour 10.000 paires. Je dois en outre en faire confectionner 2.100 paires pour l'usage des bataillons mobilisés de la garde nationale... Il faut que ces fournitures soient toutes livrées pour le 15 juin prochain.

... La paire de souliers sera payée aux cordonniers sur le prix de 5 francs.

... Votre commune est appelée à fournir 900 paires.

LEROY.

Distribution de vin.

Le Sous-Préfet de l'arrondissement de Montargis à M. le Maire de Montargis.

M. le Commandant de place m'informe, par sa lettre de ce jour, que la présence de l'ennemi dans les environs de cette ville depuis le 2 de ce mois, a exigé de la troupe sous ses ordres un service extrêmement pénible. Il me requiert en conséquence de faire délivrer le vin à raison de un demi-litre par homme et par jour.

Je vous invite, en conformité des lois et règlements militaires, à faire fournir chaque jour à la troupe qui compose la garnison de cette place la quantité de vin que reçoit ordinairement chaque militaire faisant partie de l'armée active.

10 février 1814.

Arrivée des ennemis.

Orléans, le 21 février 1814.

Circulaire.

Monsieur le Maire,

La négligence que vous avez eue jusqu'à présent à instruire l'autorité militaire d'Orléans de l'arrivée de partis ennemis dans votre commune ayant été très préjudiciable au bien du service et empêchant les forces françaises de prendre assez à temps les mesures nécessaires pour empêcher l'invasion de l'ennemi, vous voudrez bien, Monsieur le Maire, au reçu du présent ordre, vous assurer d'une ou plusieurs personnes de confiance qui devront, soit de jour, soit de nuit, venir m'avertir promptement du passage ou de l'arrivée de l'ennemi dans votre commune, en observant avec la plus grande exactitude le nombre et le genre des troupes. Cet ordre est de rigueur.

Le général de brigade,
commandant la subdivision militaire,

CHASSERAUX.

Réquisition de voitures.

Château-Renard, le 7 mars 1814.

Le commissaire des guerres de la division Allix
à M. le Maire de Montargis.

D'après l'ordre de M. le général de division Allix, j'ai l'honneur de vous inviter à requérir de suite 50 voitures attelées de 2 chevaux chacune pour conduire les bagages et blessés de sa division, qui arrivera de très grand matin demain mardi à Montargis (1). Ces voitures devront être réunies sur la place avant 6 heures du matin.

Constitution d'approvisionnements.

Montargis, le 8 mars 1814.

Le Commandant de place à M. le Sous-Préfet.

Des ordres positifs de S. E. le Ministre de la guerre (2) me chargent de prendre tous les moyens en mon pouvoir pour défendre la ville de Montargis des attaques de l'ennemi. Comme il serait possible qu'à la suite d'une vigoureuse résistance toutes les issues et communications avec le dehors soient coupées, je n'aurais d'autre parti que de me retirer avec ma troupe au vieux château en attendant des renforts.

En conséquence..., je vous invite et vous requiers au besoin d'y faire fournir sans délai la quantité de rations de vivres et autres objets désignés dans la note ci-jointe par les soins de M. le Maire de Montargis.

LEGROS.

Ci-dessous l'état :

7.400 rations de pain ;
7.400 rations de viande sur pied ;
7.400 rations de vin, soit 14 pièces ;
7.400 rations d'eau-de-vie, soit 2 pièces 1/2 ;
7.400 rations de légumes secs, soit 40 doubles décalitres ;
7.400 rations de sel ;
900 rations de fourrage ;
1.900 bottes de paille.

---

(1) La division arriva le 8 mars, à 2 heures du matin, à la Chaussée. (Voir *Ev. historiques*.)

(2) Communiqués par le général Allix à son passage à la Chaussée.

Réquisition de voitures.

Le 12 mars 1814.

M. le Maire de Montargis est prié de faire fournir une patache à M. Gaumot, officier au 153e régiment, envoyé en mission près de moi par M. le commandant de Gien, et qui doit retourner.

LEGROS.

Curage du puits du château.

Montargis, le 10 Mars 1814.

M. le Maire,

J'ai l'honneur de vous prier d'ordonner que le puits du château, qui se trouve dans l'enceinte, soit nettoyé le plus tôt possible.

LEGROS.

C

ARRÊTÉS DU MAIRE

Réquisition d'ouvriers pour les travaux de défense de la ville.

Le Maire de la ville de Montargis,

Vu la lettre de M. l'ingénieur ordinaire des ponts et chaussées à cette résidence, sous la date de ce jour, par laquelle il lui transmet l'état des ouvriers qui lui seront nécessaires pour mettre à exécution les travaux qu'il est chargé de faire faire pour mettre la ville en état de défense, d'après l'ordre qu'il en a reçu de S. E. le Ministre de l'intérieur, et par laquelle il lui demande de mettre ces ouvriers à sa disposition.

Arrête que les ouvriers portés audit état seront sur-le champ mis en réquisition et dirigés sur les points indiqués par ledit ingénieur, savoir les rouliers et voituriers dans la forêt, les charpentiers, cordeurs, manœuvres, etc., aux anciennes portes de la ville, et aux différentes issues de la ville.

AUBEPIN.

Réquisition de grains pour la troupe.

Montargis, le 28 janvier 1814.

Le Maire de la ville de Montargis,

Vu la lettre de M. le Sous-Préfet de l'arrondissement du 25 janvier du présent mois, reçue le matin, par laquelle il l'autorise à faire, dans les communes de l'arrondissement de Montargis, des réquisitions de grains en méteil et seigle pour assurer le service des vivres-pain à la troupe, que l'étapier ne peut les fournir faute de fonds pour se procurer des grains, se trouvant en avance vis-à-vis du Gouvernement de plus de 20 000 francs pour les fournitures qu'il a faites depuis le mois de décembre dernier ;

Considérant qu'il n'y a pas un instant à perdre pour ne pas laisser manquer le service dont est question, le fournisseur étant sans aucun moyen d'y subvenir par lui-même,

Arrête que, dans le jour, des réquisitions de grains en seigle et méteil seront lancées dans les communes du canton de Lorris avec injonction d'y satisfaire sans délai.

AUBEPIN.

Recensement des Poudres.

Le Maire de la ville de Montargis,

Vu la lettre de M. le Sous-Préfet de l'arrondissement en date de ce jour, par laquelle, sur la demande de MM. les ingénieurs chargés de mettre cette ville à l'abri de l'invasion de l'ennemi, de mettre à leur disposition 1.200 livres de poudre pour faire sauter, en cas de besoin, plusieurs ponts de cette ville, il autorise le soussigné à faire faire chez les débitants de poudre les recherches nécessaires pour s'en procurer la quantité demandée par lesdits ingénieurs,

Arrête que le commissaire de police se transportera sur-le-champ chez les débitants de poudre pour s'assurer de la quantité qu'ils peuvent avoir, qu'il en dressera de suite l'état et fera défense expresse d'en vendre. Cet état sera ensuite transmis à M. le Sous-Préfet ; il sera en même temps fait une invitation à tous les habitants qui auraient des poudres d'en venir faire la déclaration à la mairie, pour s'en servir au besoin.

Le 30 janvier 1814.

AUBEPIN.

Sommes mises à la disposition des ingénieurs pour la défense de la ville.

Le Maire,

Vu la lettre de M. le Sous-Préfet par laquelle il lui transmet copie de celle de M. le Préfet, à lui adressée le 31 janvier, portant qu'une somme de 10.000 francs doit être mise à sa disposition sur les fonds du service des ponts et chaussées pour le paiement des travaux que Sa Majesté a ordonnée pour la défense de la ville, mais que n'ayant point encore cette somme, et rien ne devant cependant suspendre l'exécution desdits travaux, qui sont de la plus grande urgence, la caisse municipale de cette commune doit faire l'avance de tout ce qui s'y trouve, pour être employée au paiement des ouvriers mis en activité pour lesdits travaux.

Vu le compte par aperçu présenté par le receveur municipal, duquel il résulte qu'il n'y a en caisse qu'une somme de 900 francs,

Arrête que la somme susdite de 900 francs sera extraite de ladite caisse municipale et versée par ledit receveur ès mains de M. Boucher, ingénieur, qui réintégrera ladite somme sur les premiers fonds qu'il recevra pour ces travaux.

Le 1er février 1814.

AUBEPIN.

Destruction d'un pont entre Fontenay et Nargis.

Le Maire de la ville de Montargis,

Vu la lettre de M. Legros, commandant de place de cette ville, sous la date de ce jour, à 4 heures du matin, par laquelle il requiert le soussigné, sous sa responsabilité personnelle, de prévenir sur-le-champ M. le Maire de Fontenay qu'il ait à faire détruire, sans aucun retard, le pont situé en sa commune, et servant de point de communication avec la commune de Nargis, la destruction de ce pont devenant importante dans les circonstances actuelles,

Arrête qu'un gendarme d'ordonnance sera de suite mis en réquisition pour porter une dépêche à M. le Maire de Fontenay, porteur de la lettre de M. le commandant de la place, pour l'inviter à s'occuper sans délai de la destruction dudit pont, dont le passage pourrait devenir très nuisible en cas d'approche de l'ennemi.

Montargis, le 2 février 1814.

AUBEPIN.

Défense de sortir de la ville.

Le Maire de la ville de Montargis,

Sur les ordres de M. le commandant d'armes de cette place, et attendu les circonstances, arrête qu'il sera fait dans le jour, une invitation aux habitants de la ville, et même une injonction publiée à son de caisse dans tous les endroits ordinaires, à l'effet de leur faire sentir combien il est de leur intérêt de ne pas sortir, aussi souvent et aussi légèrement qu'ils l'ont fait jusqu'ici, des portes de la ville, ces portes pouvant être fermées tout à coup à l'apparition de l'ennemi dans les faubourgs, ce qui les exposerait à ses coups et au feu du canon qui pourrait être tiré de l'intérieur de la ville, dangers qu'ils ne peuvent éviter qu'en se trouvant dans la ville même.

Le 11 février 1814.

AUBEPIN.

Approvisionnements du magasin militaire (Sans fixations).

Matériel pour ambulances.

Le Maire de la ville de Montargis,

Prévenu que 600 blessés militaires sont dirigés sur cette ville et doivent y arriver demain, 4 de ce mois, pour y rester et y être pansés et soignés, arrête qu'il sera fait une invitation aux habitants de cette ville à l'effet d'engager les personnes charitables de porter dans le jour, à Mme la Supérieure de l'hospice, tous les linges à pansement qu'elles pourraient avoir et de faire le plus de charpie possible, le dénûment absolu dans lequel se trouve l'hospice forçant à recourir à cette ressource, à laquelle chacun s'empressera sans doute de concourir, sans quoi il serait forcé de prendre des mesures de rigueur et de réquisition.

Le 3 mars 1814.

AUBEPIN.

Passage de la division Allix

Le Maire de la ville de Montargis,

Informé le matin que la division commandée par M. le général Allix, venant de Château-Renard, arrivera vers les 6 heures du matin dans cette place, pour y rester seulement quelques heures, invite ses concitoyens à tenir prêts des rafraîchissements pour les militaires qui composent cette division, attendu le peu qu'ils doivent être ici, et à la recevoir avec cet empressement que méritent ces braves défenseurs de la Patrie.

(8 mars.)

Travaux de défense de la ville.

Le Maire de la ville de Montargis,

Vu la lettre de M. l'ingénieur ordinaire des ponts et chaussées, motivée sur un ordre donné par le général Allix,

Arrête que les ouvriers employés jusqu'ici aux travaux de défense de cette place seront prévenus sur-le-champ, par une publication, que l'intention du général Allix et du commandant d'armes est de leur faire distribuer, à partir de ce jour, les vivres, de même que les soldats en jouissent, jusqu'au paiement définitif de leurs journées, dont il se plaignent de n'être pas payés ; il leur sera enjoint, en conséquence de ces dispositions favorables de ces officiers, de retourner sur-le-champ à ces mêmes travaux, et de les reprendre et continuer avec la même activité, sans quoi ils y seraient forcés par le commandant de place.

(8 mars.)

Levée en masse.

Le Maire,

Vu le décret impérial du 26 février dernier relatif à la levée en masse ;

Vu l'arrêté de M. le préfet, du 7 du présent, imprimé à la suite dudit décret, ayant pour fin l'exécution des dispositions contenues dans ce décret, et qui fixe le contingent à fournir par l'arrondissement de Montargis à 650 gardes nationales et celui de la ville de Montargis à 50 ;

...Considérant que le délai accordé pour la levée des 50 hommes assignés à cette commune n'est que de vingt-quatre heures,

Arrête qu'il sera fait sur-le-champ une proclamation, à l'effet d'enjoindre à toutes les gardes nationales de l'âge de 20 à 60 ans, célibataires, hommes veufs et divorcés sans enfants, de se présenter aussitôt à la mairie pour s'y faire inscrire, les prévenant en même temps que s'ils ne se présentent pas dans le délai de vingt-quatre heures, il sera néanmoins procédé à la désignation des 50 hommes demandés.

(12 mars.)

Dépôt des armes.

Le Maire,

Vu l'arrêté de M. le Préfet du Loiret;

Vu les ordres de M. le commandant de place,

Arrête que, dans le jour, il sera fait au son de caisse, dans les endroits ordinaires de la ville, une invitation et injonction au besoin à tous les habitants de venir faire, au secrétariat de la mairie, la déclaration et même le dépôt des fusils de munition et de chasse, doubles ou simples, qu'ils peuvent avoir en leur possession, et ce dans les vingt-quatre heures, ces fusils étant destinés et devant servir à armer ceux qui seront appelés à faire partie du contingent de la levée en masse.

(15 mars.)

NOTE

Garde urbaine.

Les désastres de la campagne de Russie firent prendre au gouvernement des mesures pour la défense du territoire français. La garde nationale fut réorganisée sous le nom de cohorte urbaine, le 17 décembre 1813. Elle formait 4 compagnies et avait pour chef de la cohorte M. Durzy.

Le major Legros s'occupa, conjointement avec les autorités, de la mise en activité de la cohorte urbaine : il fit distribuer des fusils et des piques aux hommes qui n'étaient pas encore armés, et compléter les cadres des officiers et des sous-officiers.

Les officiers de la garde urbaine de Montargis, réunis dans une des salles de la mairie, en présence et sur l'autorisation de M. Legros, major et commandant de place et de la garde nationale, sous la présidence de M. Aubepin, maire de la ville, désirant assurer le service d'une manière stable et faire cesser les difficultés et les demandes en exemption, ont arrêté ce qui suit :

Art. 1er. — La garde, à dater de ce jour, sera montée en personne par tous les habitants portés sur les contrôles.

Art. 2. — Tout habitant commandé sera tenu de se présenter à l'heure qui lui sera donnée, habillé décemment, en souliers et chapeau ; il ne pourra se faire représenter que par son fils, son père ou son neveu âgé de 18 à 20 ans au moins.

Art. 3. — Tout habitant qui ne sera pas à son poste lors de l'appel de la garde sera puni de trois heures de faction.

Art. 4. — Tout habitant commandé qui ne se sera pas rendu à son poste lorsqu'il se trouvera en ville et qui n'aura pas justifié, par un billet d'un des officiers de santé, de l'état de maladie où il est, et qui lui ôte la faculté de monter la garde, sera puni de vingt-quatre heures de prison. En cas de récidive, la peine sera de huit jours.

Art. 5. — Tout habitant absent lorsqu'il sera commandé, qui ne se présentera pas ou qui ne sera pas légalement représenté, paiera la somme de 5 francs. Cette somme sera versée dans les vingt-quatre heures entre les mains du sergent-major de la compagnie, qui en rendra compte au conseil d'administration. Faute de paiement de ladite somme, il recevra garnison, qu'il sera tenu de loger et nourrir jusqu'à la quittance de ladite somme.

(Le 22 mars 1814.)

D

PERTES RÉSULTANT DE L'INVASION

Pertes subies par les communes du canton de Montargis, du 12 février au 20 inclus. (Chiffres arrondis.)

Montargis	45.100	francs.
Pannes	1.400	—
Villemandeur	3.300	—
Corquilleroy	400	—
Cepoy	2.800	—
Amilly	2.300	—
Vimory	700	—
Chevillon	900	—
Saint-Maurice	3.500	—
TOTAL	60.400	francs.

Le procès-verbal des pertes porte les détails suivants; ces détails sont relatés par le maire, ainsi que dans le rapport adressé au Ministre de l'intérieur par M. Constant de Moras, auditeur au Conseil d'Etat :

1° La veuve Habert, habitant le faubourg de la Conception, propriétaire d'une maison sise au milieu du terrain que les Russes ont choisi pour établir leur camp, a été forcée d'y recevoir le général et tout l'état-major. Les plaintes continuelles qu'elle nous adressait sur les dévastations commises sur son mobilier, linge, vivres, etc., nous décidèrent à nous transporter auprès du général, qui parut écouter favorablement les réclamations que nous lui adressâmes sur le peu d'aisance de cette veuve et le dédommagement que nous le priâmes de lui accorder. Le lendemain, le camp fut levé, et au lieu de lui donner une récompense promise en quelque sorte, des serviettes, draps, couvertures de lit furent enlevés et emportés par les officiers, sous les yeux mêmes du général.

2° Les maisons des faubourgs de Lyon et de la Conception furent à toute heure de nuit attaquées par des cosaques, qui forçaient les habitants à leur ouvrir, exigeant foin, paille, vivres et enlevant chaudrons, linge et autres effets mobiliers, avec menaces et mauvais traitements.

3° Nous avons vu que la ville avait reçu la promesse qu'il ne serait plus fait de réquisition. A leur retour d'Orléans, les officiers, de leur propre autorité et sans avoir prévenu la mairie, se sont portés de vive force dans les magasins des marchands, où ils ont enlevé des draps fins, dentelles et indiennes pour des sommes considérables.

4° Le 20 février, l'officier chargé de la réception des fourrages se présente au magasin. Un jeune homme de Montargis, requis avec sa voiture destinée à la conduite du fourrage au camp, et dont la voiture ne se chargeait pas assez vite, est frappé par l'officier ; il se révolte, la querelle s'engage ; l'officier furieux exige que plusieurs autres particuliers qui étaient présents lui livrent le jeune homme qui était déjà loin. La peur les saisit, ils se sauvent aussi. Alors l'officier furieux revient à la mairie, demande de suite la réunion du conseil pour qu'il avise au moyen de lui livrer le jeune homme. Il va jusqu'à nous menacer de nous mettre la corde au cou et de nous conduire ainsi au camp devant le général pour servir d'otages. A force de raisons et de fermeté, nous avons été assez heureux pour assoupir cette affaire.

5° Sur le soir du même jour, au moment de leur départ

plusieurs officiers réunis à la mairie s'emportèrent en mauvais propos contre les Prussiens et les Autrichiens et témoignèrent contre eux un mécontentement extraordinaire, en disant hautement que ces deux peuples n'étaient que des lâches et des traîtres, et qu'il n'y avait que les Russes et les Français qui fussent braves.

6° D'après la déclaration écrite du maire de Vimory, la fille Aimée Galerme, domestique, revenant de la ville, rentrait chez elle; elle y est aussitôt jointe par deux cosaques qui lui volent 360 francs, du linge, lui arrachent son fichu de dessus son col, lui en couvrent la bouche, et la violent l'un après l'autre.[1]

Dans toutes les communes rurales, les traitements les plus barbares ont été exercés sur les habitants terrorisés; des propos révoltants étaient tenus par les Russes. Ils se vantaient de se rendre à Paris pour y enlever ce qu'il y avait de plus précieux et brûler la ville; ils disaient hautement vouloir enlever les femmes et les filles pour peupler leur pays.

A Courtenay, toutes les boutiques furent pillées par les cosaques de Platov; ceux-ci, au moment de leur départ, réunirent sur la place tous les effets et objets pillés qu'ils ne pouvaient emporter et y mirent le feu.

L'INVASION DE 1815 A MONTARGIS

A

ÉVÉNEMENTS HISTORIQUES

Après le désastre de Waterloo et la chute de Paris, les débris de l'armée française furent refoulés sur la rive gauche de la Loire, qui devait leur servir de limite au nord. De nombreux détachements passèrent par Montargis dans la première quinzaine de juillet, se rendant à leur nouvelle destination. Pour donner une idée de la désorganisation de notre armée, il suffit de dire que les 3.000 hommes et les 675 officiers qui passèrent par Montargis faisaient partie de 38 corps différents. Et cependant, ces illustres débris croyaient toujours en l'Empereur. Ici, une petite anecdote. Le 9 juillet, pendant le passage des troupes, M. de Laugier, maire de Mignères, présenta le pain bénit dans sa paroisse ; il avait planté dessus un petit drapeau blanc. Avisés de cela, une vingtaine d'officiers et de soldats envahirent l'église pendant la messe, en arrachèrent le maire et le conduisirent à Montargis en l'accablant d'injures ; ils l'emmenèrent au domicile du comte d'Erlon, lui demandant justice contre cet homme qui s'était permis d'arborer le drapeau blanc, ce qu'ils considéraient comme une insulte pour eux. L'affaire fut arrangée grâce à la modération du comte d'Erlon.

A peine la dernière colonne française avait-elle quitté le faubourg de Lyon que les Prussiens faisaient leur entrée à Montargis. Le 11 juillet, en effet, un détachement de leur armée se présenta à la porte du faubourg de Paris et vint occuper la ville au nom du roi de Prusse.

L'ordre du jour suivant, du prince de Schwartzemberg, fut aussitôt publié et affiché à Montargis :

Proclamation.

« En entrant en France, nous avons annoncé par une adresse au peuple français que les armées alliées protégeraient les paisibles citoyens et qu'elles ne combattraient que les soldats de Bonaparte ; qu'elles traiteraient en amies les provinces qui se prononceraient contre lui et qu'elles ne connaîtraient d'autres ennemis que ceux qui soutiendraient sa cause.

» Le ciel a confondu sa criminelle entreprise. L'apparition de Bonaparte en France a coûté à la nation 60.000 de ses enfants, dignes de périr pour la défense d'une meilleure cause ; il a perdu en un seul jour tout le matériel de l'armée ; il a dépensé, pour satisfaire son insatiable ambition, le reste de la fortune publique ; c'est lui qui a appelé sur la France les malheurs et les charges inséparables de la présence d'immenses armées étrangères. En fuyant le sol sur lequel il a immolé tant de victimes, il cherche maintenant à se soustraire au juste ressentiment de l'Europe et de la France.

» La guerre qu'il a provoquée va trouver son terme.

» Nous sommes en droit d'attendre que les habitants des départements occupés par les armées alliées auront soin de diminuer, par le maintien du repos public et par l'exacte prestation des fournitures indispensables pour l'entretien de ces armées, les charges momentanées qui pèsent sur eux.

» Vu la nécessité de pourvoir à cet effet aux mesures les plus actives, afin que le paisible citoyen soit protégé, que le service de l'armée soit assuré, et qu'une juste sévérité réprime les excès que pourraient se permettre des individus égarés par un aveugle esprit de parti, ou séduits par l'appât que le pillage offre aux ennemis de l'ordre public,

» Nous ordonnons ce qui suit :

» Art. 1er. — Les chefs des corps d'armée et les généraux veilleront au maintien le plus sévère de la discipline parmi leurs troupes; toute contravention aux règlements militaires sera punie selon la rigueur des lois.

» Art. 2. — Les réquisitions seront faites avec ordre ; les commissaires auront soin de délivrer des reçus aux communes pour les prestations de tout genre.

» Art. 3. — Comme il est juste que les citoyens paisibles qui supportent le plus de charges pour la défense d'une cause commune à toute la France ne soient pas les seuls à les supporter, les souverains alliés, en comptant sur la justice du gouvernement français, s'interposeront, afin qu'à l'époque de la paix ces charges soient reconnues par ce gouvernement et réparties d'après une juste échelle de proportion sur la totalité de la France.

» Art. 4. — Une juste sévérité n'étant pas moins indispensable pour réprimer les tentatives qui auraient pour but de troubler l'ordre public, il est enjoint à tous les individus composant les corps francs et les levées dans les campagnes de déposer les armes immédiatement. Il sera nommé, dans tous les chefs-lieux de canton, des individus chargés de recevoir ces armes.

» Art. 5. — Les habitants des villes et des communes sont appelés à retourner dans leurs foyers dans l'espace de trois jours. Les préfets, sous-préfets et maires sont tenus, sous leur responsabilité personnelle, d'établir une liste exacte des absents et de justifier des motifs légaux de leur absence. Les charges qui pèsent sur les communes seront particulièrement réparties sur ceux qui se trouveront absents sans cause légale ; une juste indemnité sera assignée, à leur charge, aux citoyens paisibles.

» Art. 6. — Tout citoyen, habitant des villes ou des

campagnes, n'appartenant pas à un corps régulier, pris les armes à la main, se qualifiant même de partisan ou de soldat des soi-disant corps francs, sera regardé comme perturbateur du repos public et fusillé sur-le-champ.

» Art. 7. — Les villes et villages dont les habitants prendront les armes pour leur défense seront réduits en cendres. Les maisons particulières qui ne seront pas occupées par des troupes réglées, et d'où il sera tiré un coup de fusil, seront rasées et leurs habitants pris en otage jusqu'à ce qu'on ait livré les coupables.

» Art. 8. — Les communes seront rendues responsables des excès commis chez elles et dans leur arrondissement par les habitants du pays; elles paieront pour chaque courrier intercepté, ou soldat assassiné, une amende de 10.000 francs. En conséquence, tous les chefs de commune auront soin de faire escorter les courriers d'un poste à l'autre et de veiller à leur sûreté; les individus qui seront désignés pour servir d'escorte se feront délivrer pour leur propre décharge des certificats sur la remise des voyageurs qui leur auront été confiés.

» Art. 9. — Cette mesure s'étend également aux convois de vivres.

» Art. 10. — Des colonnes mobiles se mettront en marche de ce jour pour parcourir le pays dans tous les sens et veiller à l'exécution des mesures ordonnées (1).

» SCHWARTZEMBERG. »

... Le 12 juillet 1815, le conseil municipal fit afficher la proclamation suivante :

« Citoyens,

» Les troupes françaises ont effectué leur passage; les Alliés sont entrés dans cette ville; le roi est revenu dans sa capitale et l'ordre a été reçu d'arborer le drapeau blanc.

---

(1) Heureusement que les Alliés étaient nos amis !!!

Que l'union et la confiance règnent parmi nous ; qu'aucun propos ne soit tenu, aucune chanson chantée ; nous vous promettons de rester à notre poste pour veiller à la sûreté publique et à vos intérêts. Nous sommes prévenus que, dans la soirée d'hier, il a été tenu dans divers groupes des propos séditieux dont le résultat, s'ils étaient continués, pourrait occasionner du trouble. Nous nous empressons de prévenir le public que la gendarmerie et la garde nationale sont conjointement chargées, sous leur responsabilité, de dissiper toute espèce de rassemblement, surveiller les personnes qui répandent des bruits alarmants et de les arrêter sur-le-champ. Cette mesure n'est prise par le conseil municipal que pour prévenir celles de rigueur qui seraient employées par les troupes alliées. »

Le 13 juillet, 25.000 Bavarois traversèrent la ville : infanterie, chevau-légers, houzards ; ils avaient avec eux un immense matériel d'artillerie, d'équipages de ponts et de voitures. Ces troupes avaient une belle tenue et étaient composées en majeure partie d'hommes jeunes ; elles se rendaient à marches forcées sur La Charité-sur-Loire, afin d'observer les débris de notre armée, qui se trouvaient de l'autre côté du fleuve.

Le 14 juillet, le prince Maximilien de Bavière fit son entrée dans la ville ; il en repartit le lendemain.

Le 18, arrivèrent deux régiments de chasseurs, un régiment de pontonniers et un régiment de la garde royale bavaroise, ayant à sa tête le lieutenant-général comte de La Motte ; ce régiment était destiné à tenir garnison à Montargis.

A partir de ce moment, de nombreuses réquisitions furent faites. Les commerçants faillirent refuser d'y acquiescer, lorsque le conseil municipal, par une proclamation de ce même jour, leur assura qu'il reconnaissait comme une dette sacrée toutes les réquisitions faites et à venir :

« Le Conseil municipal,

» Considérant que les réquisitions faites sur la commune en 1814 n'avaient point encore été payées et craignant un refus pour les nouvelles de la part des marchands, ce qui occasionnerait de grands malheurs pour la ville,

» Arrête :

» Les réquisitions demandées seront arrêtées.

» Le corps municipal est autorisé à se retirer devant S. A. l'archiduc Maximilien pour obtenir une diminution raisonnable sur ladite réquisition et faire des offres qu'il juge convenables.

» ... Le Conseil déclare dette sacrée de la ville la totalité des réquisitions frappées sur cette ville et s'engage à en faire supporter le montant par tous les habitants dans les six mois à partir de ce jour. »

Une nouvelle difficulté s'éleva bientôt ; les soldats des armées alliées n'avaient, pour solder les achats qu'ils faisaient, que de la monnaie allemande ; l'autorité s'empressa de faire afficher et distribuer le tarif de conversion en monnaie française, fixé par le commandant en chef bavarois, de Wrède. D'après ce tarif,

1 couronne d'or équivalait à......	35 fr. 04
1 ducat, à........................	11 fr. 95
1 écu de Brabant, ou couronne, à..	5 fr. 81
1 écu de convention, à............	5 fr. 17
1 florin, à.......................	2 fr. 59
1 kreuzer, à......................	0 fr. 043

Le 21 juillet, le Pâtis (1) fut occupé tout entier par des forces importantes de cavalerie (10.000 hommes). Un parc d'artillerie fut placé au nord, le quinconce envahi par des régiments de cuirassiers, dragons, chevau-légers et lanciers. Les habitants, quoique ayant la garnison à nourrir,

(1) Le Pâtis est le « champ de Mars » montargois.

furent encore requis pour porter des vivres à ces troupes, qui partirent le 22, se dirigeant sur les départements de l'Allier et de la Nièvre.

Le 22 juillet 1815, le chambellan, comte de Tauffkirchen, commandant de place, envoya au maire la lettre suivante :

« J'ai l'honneur de vous informer que j'ai fait placer un poste à la porte du Pâtis, ayant pour consigne de n'y laisser passer que des individus qui sont autorisés par des permissions écrites et visées à mon bureau.

» J'ai observé avec bien de la peine qu'il y a beaucoup de maisons et de boutiques dans la ville qui sont fermées ; il me paraît que ce manque de confiance à la troupe qui est logée dans la ville, et qui ne mérite point d'être traitée de cette façon (*sic*). C'est pour cette raison que je vous prie de vouloir bien engager les habitants et négociants d'ouvrir leurs maisons et boutiques, car je me suis proposé de faire loger le double de militaires dans les maisons qui ne seront pas ouvertes demain à midi. Je me rends personnellement responsable pour chaque excès qui pourrait avoir lieu, si l'habitant s'adresse sur-le-champ au premier commandant d'un corps de garde, ou à moi-même, chez lequel contre toute atteinte de mésintelligence pourrait avoir lieu (*sic*).

» Il est de la plus grande nécessité, et la décence exige que la plus grande propreté règne dans les rues d'une ville où beaucoup de troupes sont logées et où le quartier général d'une armée se trouve. Par cette raison, j'ai l'honneur de vous engager à faire prendre des mesures, afin que les rues et places de la ville soient nettoyées tant que la nécessité exige, pour qu'elles soient toujours propres. »

Le 24, s'apercevant que les rues étaient toujours aussi malpropres, Tauffkirchen adresse la lettre suivante au commissaire de police :

« Monsieur,

» Je vous ai déjà prié de prévenir vos habitants de tenir le devant de leurs maisons propres. Les rues sont toujours d'une très grande malpropreté, soit que vous ne leur ayez pas fait part de mes ordres, soit qu'ils aient refusé d'y obéir. La salubrité de l'air dépend de la plus grande propreté, et la décence prescrit que là où est un Quartier-Général, les rues ne soient pas remplies de boue. Ainsi donc, je vous réitère ma première invitation, et je vous prie d'avertir vos habitants que si, demain à midi, ainsi que les jours suivants, les devants de leurs portes ne sont pas soigneusement balayés, j'exercerai contre eux l'exécution militaire.

» D'après le rapport du chirurgien en chef de l'hôpital, la dysenterie commence à se faire sentir et ceci provient des fruits pas mûrs que des femmes vendent à tous les coins de la ville. Pour éviter cet inconvénient, je ferai vérifier tous les fruits, et ceux qui ne seront pas mûrs seront jetés à l'eau. »

Le même jour, le sous-préfet recevait l'ordre de faire construire, dans la cour de la gendarmerie, 10 fours de campagne pour y confectionner 200.000 rations de biscuit, et de faire tenir tous les jours à la disposition du Quartier-Général 40 voitures et 80 chevaux pour assurer le service des officiers d'ordonnance.

Les réquisitions continuèrent chaque jour. Le 27 juillet, le sous-préfet reçut un ordre ainsi conçu :

« *Le Conseiller de guerre, ordonnateur en chef de l'armée bavaroise à M. le Sous-Préfet de l'arrondissement de Montargis.*

« Monsieur,

» En conséquence des ordres de S. A. Mgr le feld-maréchal prince de Wrède, la ville de Montargis et l'arrondissement doivent subvenir aux besoins de l'armée bavaroise, pour la fourniture des objets ci-après désignés :

» 5.000 paires de souliers ;

» 500 paires de bottes ;

» 10.000 livres de cuir pour semelles et empeignent ;

» 5.000 aunes drap bleu céleste ;

» 500 aunes drap vert ;

» 200 aunes drap rouge ponceau ;

» 1.000 aunes drap noir ;

» 5.000 aunes drap gris foncé ;

» 5.000 aunes drap blanc ;

» 500 aunes drap bleu foncé ;

» 30.000 aunes toile blanche.

» Comme l'armée éprouve le plus pressant besoin de tous les objets mentionnés, je vous requiers de les faire délivrer sans délai à M. Erack, commissaire des guerres attaché au quartier général.

» KNOPPE. »

D'après un calcul approximatif, cette réquisition représentait une somme de 370.000 francs environ.

Le conseil, assemblé pour délibérer, arrêta que la réquisition serait envoyée sur-le-champ au préfet, pour que celui-ci en statuât. Le 29, le doyen du conseil de préfecture répondit au sous-préfet :

« Qu'en vertu d'une convention passée entre les ministres des puissances alliées à la date du 26, on ne devait pas obtempérer aux réquisitions qui, n'ayant pas pour objet la subsistance journalière de l'armée, ne doivent être autorisées que du consentement des commissaires établis à Paris. »

Sur ce, réponse au conseiller Knoppe, et nouvelle lettre de celui-ci, disant :

« Que n'ayant pas confirmation officielle de ce qu'avance l'administration municipale, il est décidé à employer tous les moyens en son pouvoir pour obtenir livraison des objets requis. »

Entre temps arriva d'Orléans l'avis de la convention précitée, devant lequel M. le conseiller dut s'incliner.

Enfin, le 25 octobre 1815, les troupes alliées quittèrent Montargis.

B

ORDRES DES AUTORITÉS

Militaires rappelés.

Le chevalier de l'Empire, Préfet du Loiret, à M. le Maire de la commune de Montargis.

« Monsieur le Maire,

» Les circonstances exigent impérieusement que l'on réunisse sur-le-champ, pour les diriger sur Paris, le plus de forces possible. M. le sous-préfet de l'arrondissement, d'après les ordres que je lui transmets de la part du gouvernement, va se rendre dans les cantons pour rassembler tous les conscrits de 1815 en état de servir, et tous les jeunes gens appelés pour compléter les bataillons d'élite de la garde nationale. Il se trouvera au chef-lieu de votre canton le 2 juillet prochain.

» Vous voudrez bien en conséquence, au reçu de la présente, faire publier et afficher dans votre commune un avis à tous les conscrits, à tous les gardes nationaux, à tous les militaires déserteurs ou en retard, de rejoindre, de se présenter ledit jour au chef-lieu de canton, à 8 heures du matin, à la mairie. Ils devront se munir de tous les effets nécessaires pour être mis de suite en route.

» ... Vous ferez aussi, dans la même proclamation, un appel à tous les jeunes gens, désignés ou non pour la garde nationale de l'armée, et capables de servir; vous réclamerez, au nom de la Patrie, le concours de leurs bras et de leur dévouement.

» Il s'agit, M. le Maire, dans cette circonstance, de tout le développement de la puissance nationale ; il s'agit de sauver la Patrie ; il s'agit, en conservant notre indépendance, d'obtenir enfin la paix... L'union, l'attitude guerrière de la France, en sera le plus sûr garant. Que dans votre commune comme dans le reste de l'Empire toute la jeunesse se rallie à la voix de l'honneur, qu'elle s'empresse de se lever pour la défense de ses foyers, de ses parents, de tout ce qu'elle a de plus cher. Excitez son ardeur, et évoquez les sentiments qui doivent l'animer dans cette grande conjoncture.

» ... Tous les jeunes gens qui devront être mis en route seront sur-le-champ dirigés par transports accélérés sur Paris. »

Orléans, le 28 juin 1815.

LEROY.

Proclamation aux habitants.

Le Préfet du Loiret aux habitants du département.

Les malheurs qui pèsent sur vous seront de courte durée ; mais en ce moment, s'ils sont affreux, n'en accusez que la promptitude avec laquelle il sont arrivés. Votre département, traversé par de nombreuses armées françaises, était épuisé ; les armées alliées sont arrivées avant qu'on ait pu organiser des magasins ; des désordres inévitables s'en sont suivi ; ils vont cesser. Une commission, nommée par moi, s'occupe de pourvoir aux subsistances des armées. Que la paix, l'amitié, l'union règnent entre les étrangers et vous comme elles sont établies entre votre roi et leurs souverains. Les puissances alliées désirent la tranquillité, le roi la commande ; il verra dans cette obéissance un moyen d'alléger plus promptement vos maux et de parvenir à réparer vos désastres.

Orléans, le 17 juillet 1815.

Baron DE TALLEYRAND.

D

ARRÊTÉS DU MAIRE

Ateliers d'armes de Paris.

Le Maire de la ville de Montargis,

Vu la circulaire de M. le Préfet du département du 10 de ce mois, portant que de grands ateliers d'armes viennent d'être établis à Paris, et que tous les armuriers, arquebusiers, serruriers, forgerons, horlogers, ébénistes et menuisiers qui désirent y travailler y seront admis et y gagneront depuis 2 francs jusqu'à 4 francs par jour,

Arrête que dans le jour il sera fait au son de caisse un appel et une invitation aux ouvriers désignés ci-dessus, qui pourraient être dans cette ville, et qui seraient dans l'intention d'aller travailler dans ces ateliers ; ils seront prévenus en même temps qu'il leur sera délivré une feuille de route avec 15 centimes par lieue pour se rendre à l'endroit qui leur sera indiqué à Paris.

Le 20 avril 1815.

AUBEPIN.

Levée de la garde nationale.

Le Maire,

Vu la circulaire de M. le Sous-Préfet de l'arrondissement du 5 de ce mois, par laquelle il demande une liste supplémentaire de tous les jeunes gens et hommes veufs sans enfants de l'âge de 20 à 40 ans, omis sur la première liste, et qui peuvent être susceptibles de faire partie des compagnies de garde nationale,

Arrête qu'il sera fait dans le jour au son de caisse, dans tous les quartiers de la ville, une proclamation portant invitation à tous les jeunes gens et hommes veufs sans enfants, ayant servi ou non, réformés ou remplacés, présents dans cette ville, de se présenter au secrétariat de la mairie dans les vingt-quatre heures, pour y faire connaître leurs nom, prénoms, âge, profession, et y recevoir des ordres du conseil d'administration de la garde nationale, qui se trouvera réuni demain, à 10 heures du matin, pour prononcer sur leur situation.

(7 mai.)

Passage de troupes.

Le Maire,

Vu la lettre de M. le Commissaire des guerres en date du 28 juin dernier, ensemble celle de M. le Maire de Nemours, par lesquelles ces fonctionnaires préviennent du passage et de l'arrivée en cette ville de plusieurs corps de cavalerie et d'infanterie et d'un très grand nombre d'officiers de tous grades,

Arrête qu'il sera fait dans le jour une proclamation au son de caisse, à l'effet de prévenir les habitants de ce passage et de les porter à préparer les logements convenables pour recevoir 3 et 4 officiers par maison, leur observant qu'il ne sera fait droit à aucune réclamation, attendu l'urgence.

(2 juillet).

Mesures de police.

Le Maire,

Vu la lettre de M. le commandant de place bavarois (1), sous la date du 21 de ce mois, relative à différentes mesures de police à prendre pour la salubrité et la propreté des rues et des places publiques, et par laquelle il observe qu'il a remarqué avec peine que plusieurs maisons et boutiques de la ville se trouvaient fermées dans la journée, ce qui annonçait de la méfiance et manque de confiance dans la troupe qui s'y trouve logée, et en demande l'ouverture sous peine d'envoyer dans ces maisons le double de militaires,

Arrête que dans le jour il sera fait au son de caisse, dans tous les endroits les plus accoutumés et fréquentés de la ville, une proclamation à l'effet d'enjoindre aux habitants de ne pas tenir plus longtemps leurs boutiques, magasins ou maisons fermées, et de les faire ouvrir avant midi, s'ils veulent éviter de loger une plus grande quantité de militaires et de les nourrir, M. le Commandant se rendant personnellement responsable des excès qui pourraient avoir lieu, en s'adressant sur-le-champ soit à lui-même, soit au premier commandant d'un corps.

Les mêmes habitants seront invités par la même proclamation à tenir les devants de leurs boutiques, maisons, magasins, etc., toujours propres et nettoyés, de telle sorte qu'il n'y séjourne ni bois, ni pierres, ni immondices, la plus grande propreté ayant besoin de régner dans une ville où se trouvent logés un très grand nombre de militaires et l'État-major général de l'armée bavaroise (2).

(22 juillet 1815.)

---

(1) Major bavarois de Schauroth.

(2) Au point de vue propreté des villes, nous en sommes toujours au

Parc de chevaux et voitures.

Arrêté du 21 juillet, par lequel il est formé près de l'hôtel de ville un parc composé de 40 voitures à 2 chevaux et de 84 chevaux harnachés pour le service du quartier général.

(22 juillet 1815.)

Hôpital.

Les habitants doivent porter à l'hôpital général de l'armée bavaroise les flacons, fioles et demi-bouteilles en verre. (Réquisition de l'armée bavaroise.)

(23 juillet.)

Propreté des rues. Fruits.

Le Maire,

Vu la lettre de M. le Commandant de place de ce jour, par laquelle il se plaint de nouveau de la malpropreté des rues et demande l'exécution des règlements de police contre ceux qui négligent cette partie de la salubrité publique,

Arrête qu'il sera fait de nouveau une publication au son de caisse dans toute la ville, à l'effet d'inviter et d'enjoindre à tout habitant, propriétaire et locataire, de faire balayer avec le plus grand soin et l'exactitude la plus soutenue le devant de leur maison ; ils seront prévenus que faute par eux de le faire chaque jour, M. le Commandant de place le fera exécuter militairement.

Les marchands de fruits seront de même prévenus, d'après l'ordre de M. le Commandant, qu'il sera fait visite

---

même point. Ceux qui voyagent à l'étranger peuvent faire facilement la comparaison entre « tous les autres et nous ». Cette comparaison n'est pas flatteuse pour nous.

des fruits qu'ils vendent, et que ceux qui ne seront pas bien mûrs seront confisqués et jetés dans l'eau pour éviter les maladies de dysenterie qui se font déjà sentir, et qui proviennent de ces fruits qui ne sont pas mûrs.

(24 juillet.)

Hôpital.

Sur la demande du médecin-chef de l'hôpital bavarois, renfermant 300 malades, le maire demande aux personnes bienfaisantes de faire transporter audit hôpital des matelas, draps, couvertures, paillasses, traversins, compresses, charpie, etc.

(29 juillet.)

Avoine.

Réquisition d'avoine pour le magasin militaire établi au « cy-devant château ».

Fraudes.

Le Maire, informé que plusieurs habitants se sont présentés avec des billets de logement pour toucher les vivres, sans néanmoins avoir de militaires, arrête qu'ils seront prévenus par une publication faite dans le jour, que cette fraude, étant nuisible à l'intérêt de tous, ne peut être tolérée, qu'en conséquence il est déterminé à prendre les mesures de rigueur contre ceux qui s'en rendront coupables en les punissant d'une amende équivalente à dix fois la valeur des vivres qu'ils auraient reçus, et en cas de récidive à la prison.

(2 août.)

Propreté des rues.

Le Maire,

Vu la lettre de M. le Commandant de place en date de ce jour, par laquelle il se plaint de nouveau de la négligence des habitants à balayer avec soin les devants de leurs portes, et menace d'envoyer à demeure dorénavant, chez ceux qui ne se conformeront pas aux ordres de police rendus à cet effet, deux gendarmes bavarois à qui il sera payé par jour et par homme 2 francs, outre la nourriture à leur fournir,

Arrête qu'il sera fait de nouveau au son de caisse une proclamation dans le sens de la lettre précitée de M. le Commandant, avec invitation de s'y conformer et d'éviter la surcharge de dépenses à laquelle leur négligence les exposerait à l'avenir.

(3 août.)

Propreté des rues.

Le Maire,

D'après l'invitation de M. le Commandant de place et le besoin de tous,

Arrête qu'il sera ordonné dans le jour, par le commissaire de police, à tous les habitants de jeter deux fois par jour de l'eau devant leurs portes, tant que les grandes chaleurs dureront ; qu'il leur sera enjoint également, sous peine d'être poursuivis militairement, de ne jeter par leurs fenêtres ni ordures, ni eau, et qu'il renouvellera en outre l'ordre de balayer journellement le devant de leurs maisons, afin d'entretenir par là la salubrité de l'air, si nécessaire dans la circonstance présente.

(9 août.)

Réquisitions ennemies.

Le Maire,

Vu la lettre de M. le commandant de place Tauffkirchen, par laquelle il transmet plusieurs exemplaires d'affiches du tarif des monnaies bavaroises et plusieurs placards portant règlement de ce que chaque habitant doit fournir à chaque militaire logé chez lui, sans pouvoir exiger au delà ;

Considérant que pour faire cesser les plaintes réciproques des habitants et des soldats, il est important de donner à ce règlement la plus grande publicité,

Arrête qu'outre la publication qui en sera faite dans le jour par le commissaire de police dans tous les lieux fréquentés de la ville, il en sera apposé des placards partout où besoin sera, pour que personne n'en prétende cause d'ignorance.

(10 août.

Départ des alliés.

Les Maire et adjoints au maire de la ville de Montargis, réunis à l'hôtel de ville, à 6 heures du soir, ont arrêté d'une voix unanime l'adresse suivante à leurs concitoyens et que l'impression au nombre de 50 exemplaires en serait faite et de suite affichée et publiée dans tous les endroits accoutumés de la ville.

« Les troupes alliées qui occupaient cette ville depuis le 11 juillet dernier l'ont enfin évacuée ce matin. Les sacrifices que leur présence nous a imposés ont été énormes et ont profondément affligé vos magistrats, qui vont faire tous leurs efforts pour en alléger le fardeau.

» La garde nationale vient de recevoir une nouvelle organisation. C'est sur son zèle que reposera la tranquillité publique. Si l'intolérance de quelques habitants y a fait suspendre un instant leur admission, revenant bientôt de leurs erreurs, nous aimons à penser qu'ils s'empresseront de solliciter l'honneur d'en faire partie.

» Flattés d'être depuis nombre d'années vos magistrats, nous attendons avec confiance de cette garde citoyenne un service régulier, si les circonstances l'exigent, et osons espérer que l'appel qui lui est fait de s'habiller et de s'équiper sera couronné sous peu du succès le plus complet.

» Cherchons donc dans l'oubli des erreurs, dans le rapprochement de toutes les opinions, le bonheur et la tranquillité. Soyons unis si nous voulons être heureux et indépendants. Tournons toutes nos pensées vers la Patrie et le *souverain légitime* comme vers l'astre bienfaisant vers lequel se fondent nos plus douces espérances, et dont la modération et les vertus nous ont réconciliés avec l'Europe entière.

» Si, contre notre attente, des habitants persistaient, sourds à notre voix, dans des projets funestes à la sûreté du trône et de leurs concitoyens, nous les prévenons que, fidèles à notre devoir comme à notre roy, nous déposerons l'indulgence pour nous armer de toute la sévérité des lois et les livrer aux tribunaux compétents. »

(25 octobre 1815.)

D

PERTES CAUSÉES PAR LES RÉQUISITIONS

Du 12 juillet au 12 septembre 1815, de nombreux corps des troupes alliées passèrent ou séjournèrent à Montargis.

Le 12 septembre, le grand Quartier-Général de l'armée bavaroise y fut établi. Il y eut alors dans la ville 1 régiment d'infanterie, 4 batteries, 1 compagnie de gendarmerie, 1 compagnie de boulangers et d'ouvriers et l'Etat-major.

Le nombre des rations dues aux garnisaires était ainsi fixé :

Général	12
Colonel	4
Major	3
Capitaine	3
Officier	2
Troupe	1

Les rations se composaient de :

1 bouteille 1/2 de vin (valeur, 0 fr. 35) ;

1/2 livre de viande (valeur, 0 fr. 20) ;

1 livre 1/2 de pain (valeur, 0 fr. 18).

Du 12 septembre au 4 octobre, il a été distribué à la garnison 28.566 rations et, du 4 au 25, 24.297, soit au total environ 50.000 francs pour la nourriture seulement. Il y a lieu d'ajouter à cette somme les fournitures faites aux troupes qui ont successivement occupé Montargis avant le 12 septembre et toutes les autres réquisitions de denrées et d'objets divers faites par les alliés.

L'INVASION DE 1870 A MONTARGIS

DOCUMENTS RELATIFS A 1870 ET CONCERNANT LA VILLE DE MONTARGIS

Résumé.

Mouvements qui amènent les Allemands dans la région de Montargis.

La région de la Loire a été le théâtre d'action de la 2e armée, commandée par le prince Frédéric-Charles. Cette armée avait été employée au siège de Metz, jusqu'à la capitulation de cette place, 27 octobre ; elle quitta le 1er novembre les environs de Metz ; elle devait se diriger par Troyes sur la Loire moyenne. Les 3e, 9e, 10e corps et la 1re division de cavalerie avaient ordre de marcher vers Bourges en laissant à Chalon-sur-Saône une force destinée à les relier avec le 14e corps (Werder), occupé alors contre nos troupes dans la vallée de la Saône. Le 2e corps allait être détaché de la 2e armée pour renforcer les troupes de blocus de Paris.

Le 10 novembre, la 2e armée occupait la ligne Troyes-Chaumont, quand Frédéric-Charles reçut un télégramme de Moltke lui annonçant la bataille de Coulmiers et lui prescrivant de continuer la marche, mais en prenant Fontainebleau pour objectif.

Le 11 novembre, le 9e corps et la 1re division de cavalerie se mettaient en marche sur Fontainebleau ; le 3e était dirigé sur Sens et Nemours, le 10e sur Châtillon-sur-Seine et Joigny.

Le 14novembre, le 3e corps était à Sens, le 10e à Laignes et Châtillon-sur-Seine ; une brigade du 10e corps (la 40e, général Kraatz) avait été laissée en arrière de l'aile gauche et de Chaumont, surveillant la place de Langres.

Comme le 10e corps, celui qui nous intéresse tout spécialement, n'avait qu'une route à sa disposition, la marche était effectuée en trois échelons :

1er *échelon.* — 38e brigade (Wedell) avec le général Voigts-Rhetz. A partir de Montargis, cet échelon comprendra en outre 6 escadrons hessois tirés du 9e corps.

2e *échelon.* — 37e brigade (colonel Lehmann), artillerie de corps et 1er échelon du convoi.

3e *échelon.* — 39e brigade (colonel Valentini) et 2e échelon du convoi.

Le 10e corps se trouvait le 15 à Laignes. Le 16, le 1er échelon atteignait Tonnerre ; le 17, Saint-Florentin ; le 18, Joigny. Le 19 il y eut repos. C'est alors qu'arriva à Voigts-Rhetz l'ordre de la 2e armée, lui prescrivant d'être le 20 à Montargis avec une forte tête. Or, de Joigny à Montargis, il y a deux fortes étapes ; le 1er échelon ne pouvait donc se trouver à Montargis que le 21.

La marche fut reprise le 20. Le 1er échelon arriva ce jour-là à Courtenay et le lendemain 21 à Montargis.

Le 2e échelon fut le 20 à Saint-Romain, le 21 à Château-Renard, le 22 à Montargis.

Le 3e fut le 20 à Joigny, le 21 à Courtenay, le 22 à Montargis.

Le 1er échelon ayant repos le 22 à Montargis, tout le corps fut concentré autour de cette ville.

Occupation de Montargis.

Nous avons vu que le 1er échelon était le 21 au matin à Courtenay ; il arriva le 21 à 2 heures du soir à Montargis, après avoir fait fouiller la forêt par le I/57.

Il nous faut revenir quelque peu en arrière.

Dans cette marche concentrique autour de Paris, les 3e et 9e corps suivaient, sur deux routes, les lignes intérieures ; le 10e, sur une seule route, la ligne extérieure, laquelle, en dehors de sa plus grande longueur, exigeait le service d'une troupe en contact avec les nôtres pendant tout son trajet, d'où nécessité de s'éclairer et de se garder vers le sud, sud-est et sud-ouest.

Le 10e corps ayant ainsi du retard, Manstein (9e corps, alors, le 17, à Angerville, à 68 kilomètres de Montargis) fut invité par le prince le 16 (ordre arrivé le 17) à faire avancer par Pithiviers 6 escadrons hessois, de façon qu'ils fussent rendus le 19 à Montargis, où ils passeraient sous les ordres de Voigts-Rhetz. Le général Rantzau reçut le commandement des 2e, 3e et 4e escadrons de chacun des 2 régiments hessois. Il partit par Puiseaux et Château-Landon (19) ; puis, ses patrouilles ayant reçu des coups de fusil, en approchant de Montargis, et d'autre part ayant reçu le renseignement que la ville était occupée par 2.000 à 3.000 mobiles, il renonça à l'occuper, la fit observer par des avant-postes et cantonna avec son gros à Préfontaine.

A 6 heures du soir, il expédiait par Ferrières, dans la direction de Joigny, un officier avec 20 chevaux pour se mettre en relations avec le 10e corps (dont le 1er échelon atteignait Joigny ce jour-là.)

Le 20 au matin, Rantzau reprend la marche sur Montargis, mais n'occupe pas encore la ville, parce que le pont du canal, au nord-ouest de Montargis, était détruit et occupé par de l'infanterie (1) ; les Allemands y perdirent deux hommes et 5 chevaux. Le pont du chemin de fer, au nord de Montargis, était aussi occupé ; celui de Sainte-Catherine, occupé et détruit, comme nous venons de le voir. Enfin les patrouilles allemandes signalaient de fortes colonnes d'infanterie sur les hauteurs à l'ouest de la ville.

(1) Pont Sainte-Catherine, sur le canal d'Orléans, route de Pannes. Le pont de Vézines, sur le même canal, était également détruit. La ville paya une somme de 3.930 francs pour travaux de rétablissement de ces ponts sur réquisition du général Rantzau ; dans ces 3.930 francs figure, pour une somme de 600 francs, un cheval enlevé à l'entrepreneur et non rendu.

En présence de cette situation, Rantzau demanda des secours au 3e corps, qui répondit ne pouvoir en donner. Il se mit en relation avec le maire de Montargis, M. Garnier, qui, sur sa demande, se rendit le 20 auprès de lui. Rantzau réclama la reddition de la ville ; le maire demanda un délai jusqu'au 21, 10 heures matin, délai accordé par le général. La cavalerie retourna à Préfontaine, occupant par son avant-garde la croisée du chemin de fer avec la route de Château-Landon.

Le 21, à 10 heures 1/2, le maire se présenta de nouveau au général, qui s'était rapproché de la ville. Il l'informa que la ville se rendait. 2.500 mobiles et gardes nationaux la quittaient et rentraient dans leurs foyers, en emportant leurs armes. Rantzau entra en ville à midi et rendit compte au 10e corps, dont le 1er échelon allait arriver à 2 heures.

Rantzau imposa au maire le rétablissement des ponts détruits (voir note, page précédente).

Le 10e corps se concentre à Montargis.

Un ordre d'armée en date du 21 prescrivait « d'éclairer sur Gien ». En conséquence, le 2e escadron du 9e dragons fut envoyé de Château-Renard à Châtillon-sur-Loing, avec 200 hommes de II/91, le reste de ce bataillon restant à Château-Renard. On ne trouva à Châtillon que des mobiles venus de Gien (de la division Feillet-Pilatrie, du 20e corps).

Le 22, Voigts-Rhetz donne l'ordre suivant :

« Le 10e corps continuera la marche sur Beaune... Avant-postes, direction de Gien... Détachement de toutes armes à Saint-Maurice, pour garder le pont du canal... Le détachement de Château-Renard rentrera le 23 à Montargis... Le colonel Valentini laissera un bataillon à Montargis ; le bataillon de Joigny a reçu l'ordre d'être le 24 à Montargis. Les 2 bataillons marcheront le 25 sur Egry... Laisser les malades à l'ambulance organisée à Montargis. Nourriture chez les habitants et par réquisition. »

Le 23 novembre, de Ladon, Voigts-Rhetz expédie, à 2 heures 1/2, à la 2e armée : « ... Pour être aussi fort que possible lors de l'événement attendu (bataille probable vers Beaune), le bataillon de Joigny et un autre, qui restera encore demain à Montargis, rejoindront le corps d'armée le 25. »

Le 24 novembre, les deux derniers échelons du 10e corps partirent de bonne heure pour rejoindre le 1er échelon vers Beaune.

Le 25, la 2e armée télégraphie, à 6 heures soir, au général V. Tiedemann, commandant d'étapes à Troyes : « ... Faire passer au général Kraatz, par tous les moyens, l'ordre d'être à Montargis le 29. » (Cet ordre lui arriva le 28 entre Joigny et Villeneuve.)

Or les événements marchaient pendant ce temps. Du 24 au 26 soir, notre 20e corps (Crouzat) s'étendait de Boiscommun à Ladon ; le 26 après midi, notre 18e (Billot), venant de Gien, occupait Montargis et Saint-Maurice ; le 27, ce corps avait sa masse à Ladon et laissait à Montargis la brigade Perrin (7 bataillons) ; cette brigade devait protéger les derrières de l'armée (20e et 18e corps attaquant Beaune par l'ouest et le sud-est) contre Ladon, et pour cela s'établir entre Ladon et Montargis ; elle resta le 28 à Montargis.

Après la bataille de Beaune, le 28, le 18e corps rétrograda sur Ladon, puis sur Bellegarde le 30. Frédéric-Charles concentre ses troupes : le 10e corps à Longcourt, le 3e à Beaune, le 9e en partie à Bazoches-les-Gallerandes et Boynes. Le prince prescrit, le 30, aux 3e et 10e corps, d'éclairer dans la direction de Boiscommun et Montargis.

En exécution de cet ordre, Voigts-Rhetz lance sa 37e brigade (Lehmann) sur Montargis avec l'ordre d'occuper la ville si possible, la 38e (Wedell) sur Longcourt et Corbeilles, la 39e (Valentini) sur Saint-Loup, Maizières et Lorcy. Au moment où la 39e, venant des Cotelles, est sur le point d'atteindre les Guilloux, elle est accueillie par le feu d'une flanc-garde du 18e corps postée à Maizières. Valentini essaie en vain d'enlever Maizières et est obligé d'ordonner la retraite. Cette action suffit à faire croire à une reprise de l'offensive de la part de nos troupes. Aussi Voigts-Rhetz prescrit, à 11 heures, de se concentrer sur Longcourt et de ramener également sur ce point la 37e brigade qui, dans sa marche sur Montargis, était déjà arrivée à Mignerette. (Voir notes à la fin de ce chapitre.)

Pendant que les 15e, 16e et 17e corps luttaient autour d'Orléans (3 décembre : Chilleurs, La Tour, Neuville-aux-Bois, Artenay et Chevilly, 15e corps ; l'Encornes et Huêttres, 16e et 17e) et commençaient leur retraite, les 18e et 20e corps esquissaient une reconnaissance dans la direction de Beaune-la-Rolande ; ils étaient le soir autour de Chambon et de Nibelle.

Le 4, nouveaux combats à Patay, Bricy, Boulay, Gidy, Cercottes (15e, 16e, 17e), Vaumainbert et Saint-Loup (20e). A la suite de ces combats, Crouzat passait la Loire à Jargeau, dont il coupait le pont ; les 15e, 16e et 17e filaient au sud d'Orléans, dans la direction de La Ferté-Saint-Aubin. Le 18e corps avait franchi la Loire à Sully et Gien ; Cathelineau, à Châteauneuf.

Telle fut la fin de la 1re armée de la Loire, qui allait se scinder en deux :

1re armée : Bourbaki, 15e, 18e et 20e corps.

2e armée : Chanzy, 16e, 17e et 21e corps.

Notes.

Travaux de destruction après Beaune.

Le pont de Feuillet, sur le canal d'Orléans, a été démoli par réquisition du général Billot, et le pont de Fousseau ou Machot, sur la route de Pannes à Saint-Maurice (?), sur réquisition de M. Surirey, commandant le poste de reconnaissance de Montdru. (Lettre de M. le maire de Pannes à M. l'intendant général chargé de la liquidation des dépenses de la 2e armée de la Loire. (Dossier.)

I

Saint-Maurice, le 30 novembre 1870.

Par ordre de M. le général Billot, commandant en chef le 18e corps, les ponts sur le canal au nord (?) de Saint-Maurice doivent être coupés.

En conséquence, je requiers M. le Maire de Saint-Maurice d'avoir à faire immédiatement les travaux nécessaires pour faire tomber le pont du May, le pont de Machot et de s'entendre avec le maire de la commune de Pannes pour couper le pont de Feuillet.

Le chef d'état-major de la division de cavalerie chargé de l'exécution de cet ordre,

VINCENT.

Remarque. — Il n'est pas parlé du pont de la route nationale. Ce doit être celui dont il est question ci-dessus, mais alors il n'est pas au nord de Saint-Maurice, mais à l'est. Quant à Fousseau, il n'y a qu'un pont sur le chemin de fer Montargis-Orléans et sa destruction ne répondait à rien.

II

Prière à M. le maire de Pannes de faire couper immédiatement la route de Saint-Maurice à Pannes dans trois endroits différents, en forme de zigzag.

Faire abattre des arbres et les placer en avant de ces tranchées, les branches en avant.

Ces tranchées devront être larges et profondes (?). La terre sera jetée du côté opposé à la direction que suit l'armée pour marcher sur cette route (1).

L'officier commandant le poste de Montdru,

SURIREY.

---

(1) Voilà un ordre sur la clarté duquel l'initiative de l'exécutant dut avoir beau jeu.

B

ORDRES DES AUTORITÉS ALLEMANDES

Note du général commandant la 5e subdivision de la 1re division militaire.

Le général commandant la 5e subdivision de la 1re division militaire enjoint à tous détenteurs d'armes de guerre, de munitions, d'effets militaires, de quelque origine et de quelque nature que ce soit, de les déposer, dans le délai de quatre heures, à partir de midi, à la caserne de gendarmerie.

Tout détenteur d'armes de guerre, de munitions ou d'effets militaires, qui n'obtempérerait pas à cet ordre, s'expose à être arrêté et traduit devant un conseil de guerre, qui peut lui appliquer une peine variant de cinq à dix ans de réclusion.

Des perquisitions seront faites en vertu du droit conféré à l'autorité militaire par l'article 9 de la loi des 9 et 11 août 1849, dans le domicile de ceux qui seraient présumés posséder des armes ou des munitions de guerre, et ne les auraient pas livrées dans le délai énoncé plus haut.

DE POTIER.

(Sans date.)

Installation de la commandature.

Montargis, le 23 décembre 1870.

A la mairie de Montargis.

A la mairie, j'ai l'honneur d'annoncer que je suis déclaré commandant d'étapes de Montargis.

Moi et les troupes prussiennes qui intercalent ici désirent de vivre avec les habitants au concert meilleur.

Les convenances belliqueuses faisant nécessaire de donner des destinations suivantes, et à la mairie d'annoncer par lettres le suivant aux habitants et tous les maires voisins :

1° Une punition de 20.000 francs a de payer la ville si on tire un soldat ; l'auteur punira avec la mort.

2° Une punition de 20.000 francs a de payer le canton où est trouvé ruiné le télégraphe, et punition de la mort reçu l'auteur.

3° Une punition sévère frappe le propriétaire d'une maison qui cache un franc-tireur.

4° Toutes les armes de Montargis sont de livrer demain midi au corps de garde ; les maires de toute enceinte ont aussi de livrer toutes les armes tout de suite ; le maire de Montargis est *responsable* que tous les maires jusqu'au loin à deux heures de Montargis savent de cet ordre. Les propriétaires d'une maison puniront où se trouver les armes.

5° Les rues de la ville sont de balayer tous les jours, et on doit passer outre les balayures par quelques voitures. Dans les maisons, caves et latrines, sont désinfecter les excréments.

6° La garnison reçu la nourriture aux citoyens ; toutes les troupes qui marchent par la ville pareillement.

Chaque soldat reçu tous les jours :

3/4 kilogramme de viande.

3/4 kilogramme de pain.

Des légumes et du café.

1 litre de vin.

7° La mairie a d'arranger un magasin, et ce doit enfermer toujours :

40.000 kilogrammes d'avoine.

20.000 kilogrammes de foin.

20.000 kilogrammes de paille.

20.000 kilogrammes de farine de froment.

25 pièces de bêtes de boucherie.

8° Chaque matin à 9 heures jusqu'à 11 est la réception du fourrage.

9° Dans 2 ou 3 écuries sont de tenir prêtes 25 pièces de bœuf engraissées. La mairie a désigner 6 ou 8 bouchers et 8 boulangers, qui assurent le besoin de la viande et du pain.

10° La mairie a de commander par le 28 décembre midi (mercredi) les maires des cantons qui demeurent à 2 heures loin, au bureau de l'hôtel de ville, à Montargis ; ces cantons doivent aussi assister de remplir le magasin de Montargis, à proportion de leur nombre des habitants et de soulagement pour les habitants de Montargis.

11° La mairie à Montargis et les mairies voisines ont de donner pour la commandature un parc des voitures, et certes à la mairie *d'abord* de mettre jusqu'à la suite :

Une chaise (cabriolet couvert) et

Vingt *voitures* avec des chevaux.

Cette chaise et les vingt voitures doivent *rester demain* midi, le 26, devant la mairie.

12° Pour la garde, est de donner tous les jours le bois qui est nécessaire, de la paille et cinquante (50) chandelles de stéarine, ou cent (100) chandelles de suif ; les chandelles sont de donner au bureau de la commandature.

13° Une prison est de donner.

14° La mairie doit donner par vingt menuisiers jusqu'à

demain vingt maisons des sentinelles. Il est permette d'employer du bois non raboté et vieux.

15° Le maire doit donner tout de suite 120 pieux de palissade, sept pieds en haut et un pied gros, pour chaque partie 20 (1).

Le commandant d'étape de Montargis,
Lieutenant-colonel DE RAPPARD.

A l'occasion de Noël.

Par ordre du commandant de place, les habitants sont tenus de donner aux soldats de l'armée prussienne 1/2 litre de vin par homme, en sus de la ration ordinaire, à l'occasion de la célébration de la fête de Noël.

(24 décembre 1870.)

Ouverture des magasins.

Tous les commerçants, à partir d'aujourd'hui à midi, sont tenus d'ouvrir leurs magasins au public; il leur est observé que toutes marchandises achetées par les soldats de l'armée prussienne ne seront délivrées qu'en échange du prix de l'objet vendu.

MM. les marchands, sous aucun prétexte, ne pourront se refuser à recevoir la monnaie prussienne.

(26 décembre 1870.)

Décrets portés à la connaissance des habitants du Loiret par le préfet prussien, baron de Kœnneritz.

Conscription. — ... En cas de départ clandestin ou d'absence non motivée d'un individu porté sur les listes sus-

(1) Ceci n'est pas une traduction fantaisiste, mais le texte de l'affiche même apposée sur les murs de Montargis.

dites (1° listes des personnes appartenant aux communes et qui, y étant présentes, sont d'après les lois françaises sujettes à la conscription, tant pour l'armée que pour la garde nationale mobile; 2° listes des hommes de la commune, *quels qu'ils soient*, n'ayant pas dépassé 46 ans)... les parents et tuteurs et les familles seront frappés d'une amende de 50 francs pour chaque individu absent et pour chaque jour d'absence.

Versailles, 16 janvier 1871.

Le gouverneur général,
DE FABRICE.

Destructions. — Chaque dégât commis sur un chemin de fer entraînera une amende de 2.000 francs et chaque dégât commis sur un télégraphe une amende de 300 francs au moins.

Versailles, 16 janvier 1871.

DE FABRICE.

A propos des réquisitions.

Montargis, le 10 janvier 1871.

Monsieur le Maire,

Je regrette beaucoup les charges qui incombent à votre commune par suite de l'état de guerre ; en frappant de nouvelles contributions, en nature ou argent, je ne fais qu'obéir aux ordres supérieurs de mon général.

En conséquence, je vous requiers d'avoir à satisfaire, de suite, aux réquisitions de toute nature que, par mon ordre, la mairie de Montargis vous a demandées, et pourra vous demander encore tant que l'état de guerre subsistera. Vous prévenant que, faute par vous d'envoyer à la mairie de Montargis, pour être mis de suite à ma disposition, les chevaux et voitures, bœufs ou vaches, avoine, foin, paille, bois à brûler (gris ou pelard) et les bottes, ou la valeur en argent, je me verrai, bien à regret, forcé d'agir par voie d'exécution militaire et à main armée.

Le commandant de place,
Lieutenant-colonel DE RAPPARD.

Par ordre du commandant de place de l'armée prussienne,

Monsieur le Maire du Bignon,

Est requis de fournir de suite la vache, le foin et la paille et l'avoine qui ont fait l'objet d'une précédente réquisition; il est prévenu pour la dernière fois que

Le moindre retard entraînerait pour le requis une amende de 50 francs par jour.

Montargis, le 24 janvier 1871.

Le Maire.

Note. — Le 4 janvier, pour un cheval harnaché, l'amende est de 50 francs par jour.

Le 18 février, pour une réquisition d'une voiture attelée demandée à Villemandeur, la commune est prévenue que chaque jour de retard entraînera une amende de 100 francs.

Du 29 janvier au 25 février, pour la livraison de bottes, il y a une amende de 20 francs par paire non fournie.

Surveillance des chemins de fer et télégraphes.

Les maires sont responsables de la surveillance des chemins de fer des fils télégraphiques.

Les maires sont chargés de donner des sentinelles pour les barrières du chemin de fer et pour le contrôle de ces personnes.

Une peine de 20 francs pour chaque habitant du rayon

de village où est détruit le chemin de fer, le fil télégraphique et ponts de chaque sorte.

Montargis, le 15 janvier 1871.

DE RAPPARD.

N. B. — Monsieur le Maire de Montargis est tenu de faire circuler le susdit ordre chez tous les *mairies* de l'environ et de faire retourner cet ordre souscrit par chaque maire qui l'a lu.

Montargis, le 26 janvier 1871.

DE RAPPARD.

Achat et prix des denrées.

Ayant appris qu'hier des personnes ont acheté à Montargis des denrées en grandes quantités, probablement pour les faire mener à Paris, et parce que par ce fait il proviendrait une augmentation au prix des denrées, la commandature exige de la mairie qu'elle fasse part aux habitants, par son de caisse, qu'il est défendu d'acheter en grandes quantités des nourritures en ville si bien que dans les environs. Chaque contravention à cet ordre sera punie sévèrement, et les marchandises achetées seront confisquées.

Montargis, le 9 février 1871.

La Commandature,
Lieutenant KLEIST.

Ayant appris qu'à l'occasion de la foire une masse de marchands de bestiaux et denrées sont arrivés en ville pour enlever et par cela enchérir aux habitants les marchandises qu'il leur faut pour vivre, la commandature exige de la mairie qu'elle fasse publier à son de caisse, parmi toutes les rues, qu'il est défendu d'emmener des marchandises hors de la ville sans sa permission ou celle de la commandature.

Montargis, le 11 février 1871.

La Commandature,
KLEIST,
Lieutenant premier et adjudant.

Note identique du même jour du colonel de Rappard, commandant de place, avec en plus :

Le public est en outre prévenu que le prix des marchandises ci-après désignées ne devra pas dépasser les prix suivants :

Beurre, le kilogramme,		2 fr. 50 ;
Bœuf,	—	1 fr. 00 ;
Veau,	—	1 fr. 00 ;
Mouton,	—	1 fr. 40 ;
Porc,	—	1 fr. 50 ;
Haricots,	le litre,	0 fr. 70 ;
Pommes de terre, le d. déca.		1 fr. 75.

Il est interdit de la façon la plus formelle d'acheter des marchandises ou denrées quelconques en dehors de la place du marché.

Contribution de guerre. Note.

A la Mairie de Montargis.

Hier j'ai l'honneur de faire part à la mairie que j'ai envoyé à l'inspection générale des étapes de la 2e armée sa lettre du 14 de ce mois, dans laquelle vous me faites savoir les difficultés qui probablement surviendraient au paiement de la contribution de guerre. L'inspection si peu que la commandature de Montargis ne sont pas à même de ne pas faire exécuter l'ordre du *Ministère de la guerre prussien*, qui ordonne la contribution générale (1).

La mairie a eu assez de temps pour s'entendre avec les autres mairies de l'arrondissement sur la réquisition.

De quelle manière ? et quand les paiements pour la contribution seraient faits ?

La commandature a déjà reçu des réprimandes pour ne pas avoir fait lever la contribution, et elle s'y attend ainsi qu'au 20 de ce mois le commencement des paiements soit fait, faute de quoi l'exécution militaire aura lieu.

En Prusse, il y a encore une masse de villes qui paient encore aux contributions qui leur sont octroyées dans les années 1806 à 1813.

On désire vivement de ne pas avoir besoin de l'exécution militaire. Ayez la bonté de prévenir les habitants d'éviter chaque résistance.

Vos attaques seraient punies avec la plus grande sévérité. Aussi les 4e et 5e corps d'armée, qui sont dès aujourd'hui à Bellegarde et Gien, sont toujours prêts d'arriver s'il serait nécessaire.

Montargis, le 16 février 1871.

DE RAPPARD.

A propos des bruits de paix.

Montargis, le 1er mars 1871.

Le commandant de place à Monsieur le Maire de...

Monsieur le Maire,

Je suis informé que, par suite des bruits de paix, vous vous croyez dispensé de fournir à la mairie de Montargis

(1) 3 millions pour l'arrondissement. Il m'a été dit de source autorisée que la ville était cotée pour 300.000 francs, mais que grâce aux relations personnelles de M. de Triqueti avec le prince Fritz, elle fut exonérée de cet impôt. (Voir Pièces émanant de la mairie.)

les réquisitions attribuées à votre commune, consistant en avoine, foin, paille, pommes de terre et vache. C'est une grave erreur, et je vous préviens que si dans vingt-quatre heures ces réquisitions ne sont pas opérées, j'enverrai de suite un détachement qui saura bien vous y contraindre.

DE RAPPARD.

Passage de troupes françaises.

Le 7 mars 1871.

La commandature fait part à la mairie que le 9 de ce mois le bataillon de garde mobile de Montargis arrivera ici dans la place dans la force de 31 officiers et 1.050 hommes pour y être licencié.

Pour éviter toute collision, j'ai pris les dispositions suivantes :

1° La garnison prussienne se concentrera dans le quartier de la gare jusqu'à la rue de Loing y comprise. Le reste de la ville restera pour y loger le bataillon français.

2° Parce que les officiers prussiens fréquentent l'hôtel de la Poste, celui-ci *ne sera pas* à employer pour y loger des officiers, ni des soldats français ; mais les hôtels de Lyon et de France sont à leur disposition.

DE RAPPARD.

Chaussure.

La chaussure des troupes de la 2e armée souffrit particulièrement par suite des marches incessantes et très longues que ses corps durent fournir. Des ordres prescrivirent que : « Les cordonniers de compagnie seront conduits en voiture pendant les marches afin de pouvoir dormir tant bien que mal. A l'arrivée au cantonnement, ils pourront ainsi travailler toute la nuit. On recherchera dans les cantonnements les chaussures civiles. » Les cordonniers reçurent un traitement *de choix;* souvent il leur fut accordé une indemnité spéciale, ainsi qu'aux cordonniers civils.

Dans les villes, on eut recours aux fabriques de chaussures et aux approvisionnements existants ; mais cela, paraît-il, ne donna que de médiocres résultats. Aussi les Allemands préférèrent-ils, dans leurs réquisitions, fixer un prix pour les chaussures qui ne pouvaient être livrées, et fixèrent-ils des dates rapprochées pour les livraisons ; ils préféraient l'indemnité en argent, qui leur permettait l'achat de cuir pour faire les bottes suivant le modèle.

La paire de bottes était estimée 25 francs ; pour le cas de non livraison, amende de 20 francs par paire de bottes.

Le prince Frédéric-Charles ordonna pour son armée une réquisition de bottes qui s'élevait pour la part du Loiret à 30.000 paires.

Du 29 janvier au 25 février 1871, il fut livré à la commandature de Montargis (pour l'arrondissement de Montargis, plus les cantons de Château-Landon et de Beaune-la-Rolande) 3.205 paires de bottes, plus 21.000 francs représentant 840 paires, soit en tout 4.045 paires.

(Voir aux documents émanant de la mairie les renseignements sur la réquisition des bottes et l'organisation d'un atelier de cordonnerie à Montargis.)

C

QUESTIONS D'ORGANISATION. MOBILES. GARDE NATIONALE. FRANCS-TIREURS.

L'armée française en 1870.

Organisation. — Résumé.

L'armée de 1870 était régie par la loi d'organisation du 1er février 1868 (loi Niel). Le contingent était divisé en deux fractions, faisant l'une cinq ans et l'autre cinq mois de service dans l'armée active. La durée du service était de cinq ans de service dans l'armée active et de quatre ans dans la réserve; celle-ci ne pouvait être appelée qu'en temps de guerre. Il était créé une garde nationale mobile comprenant les jeunes gens qui, bien que reconnus propres au service, ne figuraient pas, pour une raison quelconque, dans une des deux portions du contingent et ceux qui, y étant inscrits, s'étaient fait remplacer. Le service dans la garde nationale mobile était de cinq ans.

Les bataillons de garde nationale mobile, constitués dans chaque département, étaient obligés à quinze exercices par an, chacun d'une durée maximum de vingt-quatre heures, *déplacement compris*.

Le projet de Niel rencontra, de la part des républicains surtout, une violente opposition. Le successeur de Niel, le maréchal Le Bœuf ne s'entêta pas, laissa les choses en l'état et déclara à la Chambre, peu de temps avant la guerre, que la garde mobile « n'ayant pu parvenir à s'organiser, ne figurait sur les contrôles que pour mémoire ». De fait, au moment de la déclaration de guerre, elle n'était ni constituée, ni équipée, ni habillée, ni armée, ni instruite.

Pendant la guerre, le reste des citoyens de 21 à 40 ans ne figurant pas dans les catégories précédentes fit partie de la garde nationale sédentaire.

Extraits des lois et décrets relatifs à la garde mobile et à la garde nationale.

Loi du 13 *juin* 1851. (*G. N*(1).)

Section 3, § 1er, art. 21. — Il y a par commune... un conseil de recensement.

Dans chaque commune, le nombre des membres de ce conseil est égal à celui des conseillers municipaux.

Les membres de ce conseil sont choisis : moitié sur la désignation et dans le sein du conseil municipal, moitié par le préfet ou le sous-préfet parmi les citoyens aptes à faire partie du service ordinaire de la garde nationale.

Le maire fait partie du conseil comme membre de droit et le préside. A son défaut, le conseil est présidé par un adjoint ou par un membre du conseil municipal désigné par le maire.

Section 5, art. 36. — Toutes les élections sont faites sous la présidence du maire, d'un adjoint ou d'un membre du conseil municipal, pris dans l'ordre du tableau, assisté de deux membres du conseil de recensement.

Art. 37. — Les chefs de bataillon et le porte-drapeau sont élus par tous les officiers du bataillon et par un nombre égal de délégués nommés dans chaque compagnie.

Art. 38. — Les chefs de légion et les lieutenants-colonels

---

(1) G. N. — Garde nationale.
G. N. M. — Garde nationale mobile.

sont nommés par tous les officiers de la légion qui, aux termes de l'article 37, concourent à la nomination des chefs de bataillon et du porte-drapeau.

Art. 41. — Les élections d'officiers, sous-officiers et caporaux de compagnie ne sont valables qu'autant que le tiers au moins des gardes nationaux inscrits y a pris part.

Art. 45. — Les officiers, sous-officiers et caporaux sont élus pour trois ans.

Loi du 12 *août* 1870. (*G. N.*)

Art. 1er, § 2. — Les officiers élus seront choisis parmi les anciens militaires.

Décret du 7 *août* 1870. (*G. N.*)

Art. 1er, § 1er. — Tous les citoyens valides de 30 à 40 ans, qui ne font pas partie actuellement de la garde nationale sédentaire, y seront incorporés.

Décret du 18 *novembre* 1870. (*G. N. M.*)

Art. 1er, § 2. — Les chefs de bataillon seront élus parmi les capitaines du bataillon où se produira la vacance, par le vote de tous les officiers du bataillon.

§ 3. — Les capitaines et les lieutenants seront élus par les officiers, sous officiers, caporaux et soldats de la compagnie où se produira la vacance; les premiers parmi les lieutenants, et les seconds parmi les sous-lieutenants du bataillon.

§ 4. — Les sous-lieutenants seront élus par les sous-officiers, caporaux et soldats de la compagnie où se produira la vacance, parmi tous les sous-officiers du bataillon.

Décret du 16 *octobre* 1870. (*G. N.*)

Art. 1er, § 1er. — Il est formé, dans chaque bataillon de la garde nationale sédentaire, une compagnie de gardes nationaux mobilisés.

§ 2. — Cette compagnie se composera de 150 hommes.

Décret du 29 *septembre* 1870. (*G. N. M.*)

Art. 1er. — Les préfets organiseront immédiatement, en compagnies de gardes nationaux mobilisés :

1° Tous les hommes qui n'appartiennent ni à l'armée régulière ni à la garde nationale mobile.

2° Tous les Français de 21 à 41 ans, non mariés ou veufs sans enfants, résidant dans le département.

Décret du 11 *octobre* 1870. (*G. N. M.*)

Art. 1er. — Le maire de chaque commune, assisté de deux conseillers municipaux désignés par lui, procédera à la division des gardes nationaux mobilisés par compagnie.

Art. 2. — La force des compagnies est de 100 à 250 hommes.

Art. 3. — Il y aura un bataillon par canton, formé de quatre compagnies au moins et de dix au plus.

Art. 4. — La réunion des bataillons cantonaux dans le même arrondissement formera une légion commandée par un lieutenant-colonel ou colonel.

La réunion des légions d'arrondissement formera une brigade qui prendra le nom du département et sera placée sous les ordres d'un commandant supérieur.

Art. 5. — Les commandants supérieurs, colonels et lieutenants-colonels, seront nommés par le ministre de l'intérieur.

Les autres grades seront donnés à l'élection, conformément à la loi du 13 juin 1851.

Décret du 6 novembre 1871. (*G. N.*)

Art. 1er. — Les gardes nationales du département du Loiret sont dissoutes.

ELECTIONS.

Garde nationale sédentaire mobilisée de la commune de Montargis.

Procès-verbal pour l'élection de deux sous-lieutenants.

L'an 1870, le 23 octobre, à 7 heures du matin, en la salle de spectacle de Montargis, les gardes nationaux sédentaires des communes de Montargis, Amilly, Conflans et Mormant, dûment convoqués pour l'élection de deux sous-lieutenants, et à cet effet inscrits sur l'état nominatif dressé par le conseil de recensement;

Etant réunis au nombre de 90 sans armes et sans uniformes;

En présence de M. Rolier-Gonsault, président du conseil de recensement;

Assisté de MM. Puissant, conseiller municipal, Lairtullier et Saligot-Sauvard, membres du conseil de recensement, tous remplissant les fonctions de scrutateurs;

M. Rolier a déclaré la séance ouverte.

Après quoi il a déposé sur le bureau l'état nominatif dressé, comme il a été dit, par le conseil de recensement et contenant le nombre de 148 noms.

Ensuite il a été donné lecture de la loi du 12 août 1870, portant que l'élection des officiers et sous-officiers aura lieu successivement pour chaque emploi, au scrutin individuel et secret, et à la majorité absolue des suffrages.

Puis il a invité les gardes nationaux à prendre part à l'élection qui allait avoir lieu pour le grade de deux sous-lieutenants.

M. Lairtullier a fait l'appel de tous les gardes nationaux inscrits sur ledit état nominatif dressé par le conseil de recensement.

A cet appel, pour le premier tour de scrutin individuel et secret, ont répondu 90 votants.

Le nombre des bulletins réunis ayant été reconnu égal à celui des votants, le scrutin a été déclaré régulier et la majorité absolue fixée à 46.

M. Rolier, président du conseil de recensement, assisté des conseillers municipaux et des membres du conseil de recensement ci-dessus nommés, a procédé au dépouillement des votes, qui a donné, savoir :

1er *tour*. — M. Gonsault........ 48 voix.
M. Gouré.......... 43 —
M. Dumesnil....... 37, etc.
2e *tour*. — Sans résultat.
3e *tour*. — (79 votants).
M. Dumesnil....... 42 voix.
M. Gouré.......... 35 —

MM. Gonsault et Dumesnil, ayant réuni la majorité absolue des suffrages, ont été proclamés sous-lieutenants par M. Rolier-Gonsault, président du conseil de recensement.

De laquelle élection a été dressé le présent procès-verbal, qui a été clos séance tenante et a été signé par M. Rolier, président du conseil de recensement, et par les trois scrutateurs ci-dessus nommés.

Note.

L'état : 1° des citoyens âgés de 21 à 40 ans, résidant dans la commune, appelés à faire partie de corps de gardes nationaux mobilisés; 2° des volontaires qui n'appartiennent ni à l'armée régulière ni à la garde nationale mobile, donne : Montargis : 564.

Il a été formé un bataillon de cinq compagnies.

Organisation d'un Corps de francs-tireurs.
(Canton de Châtillon-sur-Loing).

Réunion du 15 *septembre* 1870.

A la date du 29 août dernier, M. Boureau a sollicité de M. le Sous-Préfet de Montargis l'autorisation de former dans le canton de Châtillon une compagnie de francs-tireurs.

Cette demande, plusieurs fois réitérée, est demeurée sans réponse; elle a été portée à la connaissance de M. le Préfet du Loiret par lettre en date du 9 septembre courant. Par sa lettre du 14, M. le Préfet l'informa que, par décision de M. le Général commandant la 7e subdivision en date du même jour, l'autorisation sollicitée était accordée.

Les soussignés, réunis d'urgence dans l'une des salles de la mairie de Châtillon, et agissant en vertu de l'autorisation précitée donnée à M. Boureau,

Considérant :

1° Que la garde nationale est aujourd'hui organisée dans presque toutes les communes et qu'il devient impossible de former une compagnie de francs-tireurs sans s'exposer à y jeter la perturbation ;

2° Qu'un grand nombre de citoyens ont témoigné le désir de se réunir en corps de volontaires ;

3° Qu'un tel corps, formé d'hommes énergiques et résolus, pourrait rendre de grands services au pays,

Décident que :

Il sera fait appel sans aucun retard à tous les gardes nationaux du canton pour former, dans toutes les compagnies de la garde nationale, une ou plusieurs sections de volontaires.

En temps ordinaire, ces sections feront le même service que la garde nationale : les manœuvres pourront différer.

Dans les prises d'armes, soit pour maintenir l'ordre, soit pour faire face à l'ennemi, elles marcheront les premières; elles pourront aussi être appelées à faire un service plus actif que la garde nationale sédentaire; en un mot, elles feront à l'ennemi la guerre de partisans et devront, en toutes circonstances, servir d'éclaireurs et de tirailleurs au bataillon.

Sont admis à faire partie des sections de volontaires les citoyens dispensés de la garde nationale par limite d'âge, ou ne remplissant pas les conditions voulues de résidence.

La tenue des volontaires sera la même que celle des gardes nationaux, à l'exception du képi, qui sera remplacé par le chapeau de feutre noir avec cocarde tricolore.

Les volontaires du canton sont sous les ordres du commandant supérieur, qui sera nommé à la majorité des voix, ainsi que les officiers et sous-officiers du corps.

Les démarches nécessaires seront faites sans aucun délai dans les cantons limitrophes pour encourager la formation de compagnies analogues à la nôtre, afin d'obtenir une surveillance très active par tous les moyens possibles et surtout par des patrouilles de nuit.

Il sera adressé immédiatement à M. le Préfet du Loiret une demande d'armes de précision et de munitions.

Ont signé : Babile, Colombel, Jalouzet, Chatelet, Chevrier, Boureau, Boyenval, Salomon de Saint-Maurice, etc..

Entrevue des délégués de la ville avec le gouvernement de la Défense nationale.

M. Dufay, propriétaire de la papeterie de Cercanceaux, est venu communiquer à plusieurs personnes de Montargis un projet d'organisation pour défendre contre l'ennemi des contrées restées jusqu'ici en dehors de la ceinture qu'il paraît avoir tracée autour de Paris. Cette défense devait être tentée par des détachements de l'armée appuyés par des corps de gardes nationaux mobilisés, convenablement armés.

... Les conseils municipaux de Souppes et Château-Landon, approuvant ce projet, avaient délégué son auteur auprès du gouvernement de la Défense nationale pour obtenir les moyens de le mettre à exécution.

... La population de Montargis avait adopté un projet de résistance analogue.

... Le conseil municipal a délégué un de ses membres, M. Gollier, et un étranger au conseil, M. Le Roy, avoué, qui accepte la mission.

Les délégués se sont rendus à Tours et ont été reçus par un secrétaire qui..., naturellement..., les renvoya aux divers généraux et chefs de service dans les attributions desquels rentrait la réalisation de leur projet.

La journée du 29 septembre se passa en explications; les objections faites consistaient dans la difficulté de distraire de l'armée des corps détachés et les armes dont on pouvait disposer.

Le 30, la délégation devait s'entendre à Tours avec le général Borel; elle ne put le voir. On l'envoya à Orléans, où elle devait se concerter avec le général de Polhès.

La commission ne crut pas devoir être ainsi envoyée de Charybde en Scylla; elle ne voulut pas se rendre à Orléans pour cette entrevue et adressa au gouvernement de la

Défense nationale une lettre où, entre autres choses, elle se plaint « de s'être usée pendant deux jours contre un formalisme administratif qui nous semblait l'apanage d'une autre époque ».

Cette lettre fut remise à 1 heure et demie au secrétaire de Crémieux. A 4 heures et demie, MM. Dufay et Le Roy furent reçus par l'amiral Fourichon et lui expliquèrent leur projet. L'amiral leur donna l'assurance que des instructions allaient être transmises dans le but de leur donner satisfaction, et proposant de diriger par la vallée du Loing et jusqu'à Fontainebleau les corps qui étaient à Gien.

Quant à l'armement, étant donné le petit nombre de chassepots, 623 carabines Minié avec 100 cartouches par arme devaient être mises à la disposition des gardes nationales que représentaient les délégués. Ces armes furent touchées à Nevers par lesdits délégués et remises au capitaine-adjudant-major de la garde nationale.

D

DOCUMENTS ÉMANANT DE LA MAIRIE DE MONTARGIS

1° Délibérations du conseil municipal.

Organisation de la défense. (*Séance du* 28 *septembre* 1870.)

Proposition de M. Dufay. (Voir page 50.)

Apparition des troupes prussiennes. (*Séance du* 20 *novembre*.)

Le maire expose que Montargis est menacé par les troupes prussiennes venant, d'après les renseignements télégraphiques, de Sens et de Joigny ; que déjà un corps de cavalerie occupe les abords de la ville du côté du Gâtinais(1), qu'en présence de forces aussi considérables la résistance devient inutile et dangereuse, avis partagé par le comité de défense. En conséquence, les membres du conseil municipal, réunis, décident à l'unanimité qu'il n'y a pas lieu de résister.

Plusieurs séances consacrées à la question d'emprunts.

(*Note.* — Les deux séances suivantes devraient être en tête de ce chapitre.)

---

(1) Ce sont les escadrons de Rantzau.

Approvisionnements. (*Séance du 12 septembre.*)

M. le Maire expose que, dans les circonstances graves où nous nous trouvons, il est prudent de prévoir dès aujourd'hui les dispositions à prendre dans l'intérêt du pays, notamment en ce qui touche les approvisionnements en pain et en viande. Il propose dans ce but la nomination d'une commission de 12 membres qui, après s'être éclairée de renseignements auprès des citoyens les plus aptes, soumettra ses propositions au conseil.

Un membre demande l'adjonction aux 23 conseillers de 23 personnes prises au hasard.

Un autre fait observer que, si cette adjonction est reconnue nécessaire, il lui paraît logique de la composer des plus imposés.

Après discussion, la proposition du Maire est adoptée.

Approvisionnements. (*Séance du 15 septembre.*)

La commission dont il est question dans la séance du 12 septembre a demandé l'achat de :

100 sacs de farine ;

600 sacs de blé.

Les blés ne seront enlevés qu'au fur et à mesure des besoins de la mouture ; ils seront ensuite logés chez les habitants.

Contribution de guerre. — Demande faite par MM. de Triqueti (propriétaire du château du Perthuis) Huette et Rolier auprès du prince Fritz, à Versailles, en vue d'exonérer la ville.

Une médaille commémorative sera offerte au baron de Triqueti. (Voir page 64.)

2° Arrêtés du Maire.

Exercices de la garde mobile.

Le Maire de la ville de Montargis,

Considérant que dans les circonstances présentes il est utile que les hommes de la mobile aient une instruction préalable du maniement des armes,

Invite tous les hommes de 20 à 30 ans qui voudraient apprendre l'exercice à venir se faire inscrire à la mairie.

L'exercice aura lieu le matin de 7 à 9 et le soir de 4 à 6 à la mairie.

Le Maire prie également les anciens militaires qui peuvent être instructeurs à se présenter à la Mairie.

Montargis, le 9 août 1870.

GARNIER.

Contrôle de la garde nationale sédentaire.

Le Maire de la ville de Montargis,

Vu le décret du 7 août 1870 et l'avis de M. le Préfet du Loiret,

Arrête :

Tous les citoyens âgés de 30 à 40 ans sont tenus de se présenter immédiatement à la mairie comme faisant partie de la garde nationale sédentaire.

Les contrôles comprenant cette classe de citoyens seront immédiatement établis et les propositions pour la nomination des officiers présentées d'urgence.

Le 10 août 1870.

GARNIER.

Exercices de la garde nationale sédentaire.

Le Maire de la ville de Montargis,

Prévient les citoyens qui se sont fait inscrire à la mairie pour faire partie de la garde nationale sédentaire qu'à partir de demain mercredi 17 août, ils devront se trouver aux exercices qui auront lieu sur le Pâtis tous les jours :

Le matin de 6 à 8 heures ;

Le soir de 4 heures et demie à 6 heures et demie.

En attendant que la garde nationale reçoive les armes qui lui sont destinées, on va délivrer provisoirement aux anciens soldats et aux hommes qui ont déjà suivi les manœuvres les fusils à piston qui sont en dépôt à la mairie. Les mêmes hommes seront les premiers pourvus de nouvelles armes à leur arrivée.

Les hommes sans armes seront exercés aux mouvements de marche.

Le 16 août 1870.

GARNIER.

Compagnie de francs-tireurs.

Le Maire de la ville de Montargis,

Invite les citoyens qui voudraient faire partie de la compagnie des francs-tireurs à se trouver à la mairie demain mercredi, à 8 heures précises du soir.

Le 16 août 1870.

GARNIER.

Logement de la garde mobile.

Le Maire de la ville de Montargis,

Donne avis qu'un bataillon de garde mobile, fort de 700 hommes, arrivera dimanche prochain 28 pour prendre garnison en cette ville; les habitants qui n'ont pas pour habitude de placer leurs militaires chez les logeurs devront préparer un logement convenable, les militaires étant appelés à rester huit jours dans chaque maison.

Le 26 août 1870.

GARNIER.

Elections dans la garde nationale.

Le Maire de la ville de Montargis

Prévient les gardes nationaux qui figurent sur les contrôles qu'il sera procédé, le mercredi 31 août courant, à l'élection des cinq capitaines. Le scrutin, ouvert à la mairie à 9 heures du matin, sera clos à 4 heures du soir.

... Le Maire rappelle en outre que tous les citoyens de 21 ans à 55 ans sont, aux termes de la loi du 12 août 1870 et de celle du 13 juin 1851, tenus de se présenter immédiatement à la Mairie pour réclamer leur inscription.

Des bulletins de vote seront distribués à la porte de la mairie.

Le 29 août 1870.

GARNIER.

Abandon des propriétés.

Le Maire de la ville de Montargis,

En exécution de la décision prise à la date d'hier par le conseil municipal,

Considérant qu'un certain nombre d'habitants ont cru, pour leur sûreté personnelle, prudent d'abandonner la ville;

Considérant qu'un tel abandon de leur part ne saurait les mettre à l'abri des conséquences que peut entraîner la présence de l'ennemi ;

Considérant qu'il est de toute justice que les charges qui peuvent incomber à la ville soient supportées également par tous les habitants qui la composent,

Arrête :

Art. 1er. — Toutes les habitations des personnes absentes seront, si le besoin s'en fait sentir, ouvertes et livrées par l'autorité.

Art. 2. — Les charges qui devront incomber aux absents

seront ultérieurement fixées par la commission municipale.

Art. 3. — Les personnes qui, après la publication du présent arrêté, délaisseraient leur domicile, sont prévenues que non seulement elles seront astreintes aux conditions qui précèdent, mais qu'elles s'exposent à supporter des charges beaucoup plus lourdes que celles qui pourraient être imposées aux habitants qui déjà ont quitté le ville.

Le Maire profite de la circonstance pour inviter les habitants à user de la plus grande prudence et à ne faire usage de leurs armes qu'avec l'assentiment de l'autorité militaire, à moins qu'il ne s'agisse de leur défense personnelle.

Le 13 septembre 1870.

GARNIER.

Francs-tireurs.

Le Maire de la ville de Montargis,

Invite tous les citoyens de bonne volonté qui voudraient faire partie du corps de francs-tireurs volontaires à se présenter à la mairie.

L'engagement à contracter est pour toute la durée de la guerre, et le citoyen reconnu apte à ce service est, en conséquence de son engagement, astreint aux lois et règlements militaires.

Le 14 septembre 1870.

GARNIER.

En vue de l'invasion.

Le Maire de la ville de Montargis,

Invite ses concitoyens à se trouver aujourd'hui, à 1 heure de l'après-midi, à la salle de spectacle, à l'effet de décider s'il y a lieu ou non de se défendre en cas d'invasion.

Le 23 septembre 1870.

GARNIER.

Matières inflammables.

Le Maire de la ville de Montargis,

Considérant qu'un grand nombre de négociants possèdent dans leurs magasins des matières essentiellement inflammables, telles que pétrole, essence, huile minérale, vernis, goudron, etc.,

Considérant qu'en cas d'invasion ces matières pourraient causer les accidents les plus grands;

Considérant qu'il est important de tenir la ville à l'abri de semblables dangers,

Arrête :

Les négociants qui possèdent ces matières sont tenus et requis au besoin de les transporter immédiatement à l'endroit qui leur sera indiqué par la mairie, où ils devront se présenter sans retard.

Le 23 septembre 1870.

GARNIER.

Inscription pour la garde nationale.

Le Maire de la ville de Montargis

Enjoint à tous les citoyens de 21 à 40 ans, non mariés ou veufs sans enfants, à se présenter immédiatement dans les bureaux de la mairie, pour se faire inscrire régulièrement sur l'état de la garde nationale sédentaire appelée à former le corps mobilisé.

Le moindre retard apporté par les citoyens appelés entraînerait contre eux les conséquences prévues par les lois militaires.

Le 4 octobre 1870.

GARNIER.

Matériel pour les ambulances.

Le Maire de Montargis fait le plus pressant appel à ses concitoyens, à l'effet d'obtenir de leur charité le dépôt immédiat de draps pour le service de l'ambulance située à l'école communale et consacrée aux malheureux blessés français...

Les premiers blessés y seront transportés d'ici une heure.

Le 26 novembre 1870.

GARNIER.

Vivres à des troupes de passage.

Le Maire de la ville de Montargis

Invite ses concitoyens à transporter le plus promptement possible sur la plate-forme du château, derrière les murs du cimetière, ainsi que sur la montagne du Christ, la quantité de vivres nécessaire à la nourriture d'environ 1.000 soldats français, qui sont campés à l'un et l'autre de ces endroits; le transport de paille et de bois rendrait les plus grands services.

Le 26 novembre 1870.

GARNIER.

Note. — Les troupes dont il est question ci-dessus appartenaient au 18e corps, venant de Gien; c'était, ou la brigade Perrin, qui resta à Montargis le 28, ou la brigade Bonnet portée le 26 au soir à Platteville, ou la brigade Hainglaise, plus tard brigade Robert, portée le 26 à Saint-Maurice. D'après les renseignements de témoins oculaires, ces troupes n'avaient pas de vivres; la plupart des hommes n'avaient que des chaussures hors de service et des vêtements en lambeaux, et on les faisait camper à proximité de la ville française, alors que les Allemands avaient, les jours précédents, cantonné leurs troupes de passage à Montargis. Ce furent ces mêmes hommes qui allaient se battre si bravement aux environs de Beaune.

Enlèvement des objets au camp français.

Le Maire de la ville de Montargis,

Informé qu'on se permet d'enlever des camps abandonnés la paille, le bois, etc., prévient le public que les poursuites les plus sérieuses seront dirigées immédiatement contre ceux qui se permettent une pareille conduite, contraire au sentiment patriotique dont chaque Français devrait être animé.

Le 28 novembre 1870.

ROLIER-GONSAULT.

Note. — A partir de ce moment, les fonctions de maire sont exercées par le premier adjoint, M. Rolier, le maire ayant été emmené en otage par les Allemands.

Sécurité publique.

Le Maire de la ville de Montargis,

Considérant que, dans la journée du mardi 6 décembre, l'ennemi a lancé plusieurs obus sur la ville sous prétexte que les habitants avaient tiré sur lui ;

Considérant que, sans la généreuse initiative du maire, la ville eût pu être exposée aux plus grands dangers ;

Considérant qu'il importe au plus haut point de prévenir toute atteinte aux personnes et aux propriétés,

Rappelle à ses concitoyens les mesures prises par la mairie pour éviter tout conflit et les invite formellement à s'y conformer.

Le 10 décembre 1870.

ROLIER.

(Le présent arrêté était adressé à la population au nom du maire et des adjoints.)

Au sujet des réquisitions allemandes.

Le Maire de la ville de Montargis,

... Il est observé que toutes les réquisitions faites directement par les soldats allemands ne sont valables qu'autant qu'elles seront signées du colonel Kraus ou de l'un de ses adjoints.

Le 23 décembre 1870.

ROLIER.

Dépôt des armes.

Le maire de la ville de Montargis

Prévient les habitants qu'ils sont tenus de déposer à la mairie les armes de toute nature qu'ils peuvent avoir en leur possession, et cela sous peine des conséquences les plus graves et de voir la ville frappée de contribution.

Les mêmes peines seront appliquées à l'égard des citoyens qui useraient de violences envers les soldats de l'armée prussienne.

Le 23 décembre 1870.

ROLIER.

Ouverture des magasins.

(Voir ordres des autorités allemandes, p. 59.)

Organisation d'un atelier de cordonniers.

Nous, Maire de la ville de Montargis,

Vu la réquisition faite par la commandature à la ville de Montargis de fournir pour l'armée prussienne, avec le concours des cantons de l'arrondissement et ceux de Château-Landon et Beaune, eu égard à la population, 4.000 paires de bottes, savoir :

Montargis, 18.599 habitants : en nature, 776 paires; en espèces, 20.127 francs.

Arrêtons :

Art. 1er. — Un atelier composé de maîtres et ouvriers cordonniers de Montargis, munis de leurs outils, et au besoin ceux des communes voisines, sera établi immédiatement dans le rez-de-chaussée de la maison acquise par la ville des époux Morière, et sous la surveillance d'un directeur ci-après nommé.

Art. 2. — Dans le cas où les ouvriers ne répondraient pas de suite à l'appel fait par l'administration, ils y seraient contraints par voie de réquisition, et sous les peines édictées au règlement ci-après.

Art. 3. — M. Rose fils, maître cordonnier, est nommé directeur de l'atelier, et tous les ouvriers seront tenus à se conformer strictement aux instructions qu'il jugera convenable de leur donner.

RÈGLEMENT

Art. 1er. — Un atelier composé de maîtres et ouvriers cordonniers établis à Montargis, par ordre de la commandature, fonctionnera à partir de ce jour sous la direction de M. Rose, maître cordonnier en cette ville.

Art. 2. — MM. Riché, Loiseau, Coffre, Bertheau et Latour sont adjoints comme coupeurs et appelés à assister le directeur dans toutes les questions qui pourraient intéresser l'atelier.

Art. 3. — Les heures de travail sont de 7 heures matin à 9 heures soir et divisées ainsi : de 7 à 11 heures matin, de 1 à 5 heures soir et de 6 à 9 heures soir.

Art. 4. — Le prix de chaque paire de bottes est fixé pour la façon à 5 francs.

Art. 5. — Le maître ouvrier, qui ne se présenterait pas à l'appel qui est fait, serait requis régulièrement et passible d'une amende de 50 francs pour chaque paire de retard, à partir du jour de la réquisition.

Art. 6. — La plus grande exactitude devra exister pour les heures de travail; une amende de 0 fr. 50 sera infligée par chaque quart d'heure de retard, et la retenue de ces amendes sera faite sur ce qui pourra être dû à l'ouvrier retardataire.

Art. 7. — Le directeur, chargé des instructions concernant le travail et de la police de l'atelier, est autorisé à les faire exécuter par toutes les voies de droit, tous pouvoirs lui étant donnés à cet effet.

Le 12 janvier 1871.

ROLIER.

Passage de troupes allemandes.

Le Maire de la ville de Montargis

Prévient les habitants que, pour le passage des troupes, ils ne sont tenus qu'à fournir le logement, la lumière et le feu, l'alimentation restant à la charge de l'intendance prussienne.

Le 14 mars 1871.

ROLIER.

Le Maire de la ville de Montargis

Prévient ses concitoyens qu'en raison du grand nombre de troupes de passage, la mairie s'est trouvée dans la nécessité de tripler en grande partie le logement; il fait observer que, vu cette circonstance, aucune réclamation ne pourra être admise.

Le 19 mars 1871.

ROLIER.

E

QUESTIONS FINANCIÈRES

1° Dépenses occasionnées par la guerre.

Dépenses occasionnées à la ville de Montargis par le passage et l'occupation des troupes prussiennes. Relevé arrêté le 10 mars 1871.

Pain	23.000	francs
Viande	34.000	—
Café	1.180	—
Vin	36.000	—
Epicerie et cognac	13.000	—
Aubergistes	21.000	—
Drap	4.000	—
Faïence et meubles	8.500	—
Médicaments	630	—
Fer et outils	4.700	—
Bois	14.000	—
Travaux de siège et divers	13.000	—
Foin, fourrages, paille, avoine	36.000	—
Cuir et chaussures	12.000	—
Tabac	8.400	—
Chevaux et voitures	21.800	—
Ferrage	200	—
Diverses	300	—
TOTAL	250.000	francs.

Un état existant aux archives porte comme dépenses et pertes totales résultant de l'invasion et de la guerre les sommes ci-après :

Dépenses énoncées précédemment : 250.000 francs;

En outre, l'établissement de la commandature (hôtel où étaient les bureaux du commandant allemand délégué à l'administration de la ville) et la garnison qu'elle nécessitait imposa à la ville une dépense quotidienne de 2.500 francs, du 15 février, date de son établissement, au 10 mars, jour où elle prit fin, soit 58.000 francs;

Passage des troupes dans la dernière dizaine de novembre : 50.000 hommes à 2 francs par jour, logés chez les particuliers, 100.000 francs, et pendant cinq jours, 500.000 francs ;

5.000 chevaux à 3 francs par jour, 15.000, francs, et pendant cinq jours, 75.000 francs ;

Réparations à faire à tous les bâtiments communaux et pertes sur leur mobilier, 46.000 francs;

Dommages causés aux propriétés et aux mobiliers des particuliers, 200.000 francs.

Soit, en tout, 1.139.000 francs.

Note 1. — Ces états globaux sont manifestement exagérés; d'ailleurs, dans les pièces relatives à la répartition des secours, nous verrons que Montargis ne figure que pour environ les sommes payées, soit 250.000 francs. D'ailleurs, les tarifs fixés par l'administration sont bien inférieurs aux prix des états globaux.

Note 2. — L'administration prussienne remboursa à la ville la nourriture fournie à ses troupes depuis l'armistice jusqu'à la conclusion de la paix ; la ville toucha de ce fait une somme de 16.000 francs environ.

2° Emprunt.

Pour se couvrir des dépenses de la guerre, comme la ville n'avait aucun excédent de recettes sur son budget, elle fut autorisée, par arrêté du président du Conseil des ministres, chef du pouvoir exécutif de la République française, en date du 7 août 1871, à emprunter 188.000 francs, remboursables en douze années. Cet emprunt avait été décidé en séance du conseil municipal du 1er avril 1871.

3° Secours.

Secours aux agriculteurs.

Lettre du préfet du Loiret du 8 août 1871, disant que :

« Le Ministre de l'agriculture et du commerce vient d'accorder au département du Loiret un secours de 20.000 francs pour achat de blé de semence de première qualité et d'origine certaine. Il sera procédé d'abord à la vente aux enchères de ces semences par quantités de 2 hectolitres. Le produit de cette opération sera consacré à de nouvelles acquisitions de semences, d'instruments agricoles et de bestiaux qui seront cédés à prix réduits et même distribués gratuitement aux cultivateurs indigents, victimes de la guerre. »

Loi du 6 septembre 1871 (Art. 2).

Instruction du Ministre de l'intérieur du 12 *décembre* 1871 *relative à la distribution d'un secours de* 5.047.000 *francs accordé au département du Loiret* (*perdants nécessiteux*).

Les états de répartition étaient établis d'après :

1° La déclaration des intéressés (contribution de guerre, réquisitions en argent ou en nature, amendes, dommages matériels.)

2° Propositions de la commune.

3° Propositions de la commission cantonale. [Cette commission comprenait : les maires du canton, le juge de paix, le percepteur et les conducteurs des ponts et chaussées ou agents voyers, chacun en ce qui concernait sa circonscription ; 2 habitants de chaque commune désignés par le maire et choisis l'un parmi les plus imposés, l'autre parmi les répartiteurs. (Arrêté du préfet du 25 avril 1871.)]

4° Décision de la commission départementale.

Pour le canton de Montargis, les sommes sont les suivantes (§ 2° et 3°), chiffres arrondis :

Montargis	325.000	francs.
Amilly	31.000	—
Cepoy	17.000	—
Chalette	5.000	—
Chevillon	5.000	—
Conflans	2.000	—
Corquilleroy	18.000	—
Mormant	1.000	—
Pannes	6.000	—
Paucourt	3.000	—
Saint-Maurice	21.000	—
Villemandeur	18.000	—
Villevocques	2.000	—
Vimory	2.000	—
Lombreuil (manque).		
TOTAL	456.000	francs.

Décomptes.

La circulaire ministérielle du 12 décembre 1871 fixe les bases sur lesquelles les prix seront décomptés :

Charge du logement par homme et par nuit, 0 fr. 40 ; par cheval et par jour, 0 fr. 15.

Nourriture : par jour, homme 1 franc ; cheval, 2 francs.

Une circulaire ministérielle du 12 mars 1872 prescrit de compter comme maximum de prix pour les pertes les sommes ci-après :

Cheval..................	300 francs.
Voiture..................	300 —
Harnais..................	75 —

Secours du comité anglais.

Le lord-maire, au nom du comité anglais, a envoyé 60.000 francs au département (646 francs pour le canton de Montargis).

Observation. — L'état pour la répartition du secours de l'Assemblée nationale portait, pour le canton de Montargis, sur une somme de 456.000 francs. Pour la répartition du don du comité anglais, la part revenant au canton, allouée par la commission départementale, était basée sur une somme de 540.000 francs, d'autres états ayant dû être fournis depuis l'état de 456.000 francs.

Souscription faite à Montargis pour la libération du territoire.

Elle a produit 18.028 fr. 60.

Suivant le décret du 31 décembre 1872 :

... « Les sommes déposées au Trésor en vue de la libération du territoire qui, à la date du 31 janvier 1873, n'auront pas été réclamées par les parties versantes, demeureront acquises au Trésor, pour être affectées au soulagement des Alsaciens-Lorrains ayant conservé la qualité de Français, et les souscripteurs qui, à cette époque, n'auront pas adressé de demandes de remboursement au ministre des finances, à Paris, seront considérés comme ayant consenti à cette affectation... »

4° Monnaie fiduciaire.

Dans cette période, il a été nécessaire de suppléer à la rareté de la monnaie divisionnaire par la création de bons fiduciaires, afin de faciliter les transactions journalières.

A Montargis, une commission de six membres, pris dans le conseil municipal, proposa les moyens suivants (16 février 1871) :

Créer pour une somme de 10.000 francs de bons à titre d'essai, le conseil devant apprécier le moment opportun pour faire d'autres émissions (il n'en a pas été fait d'autre), soit :

1re série, 4.000 francs de bons de 0 fr. 50 ;

2e série, 4.000 bons de 1 franc ;

3e série, 2.000 bons de 2 francs.

Pour qu'un bon soit valable, il devra porter :

1° L'empreinte du cachet de la mairie ;

2° La signature du maire et celle d'un conseiller municipal ;

3° Un numéro d'ordre ;

4° Les armes de la ville.

Chaque série de bons aura sa couleur particulière (1re, rose ; 2e, bleu pâle ; 3e jaune clair).

Ces bons seront mis en circulation par les soins du receveur municipal, et lesdits bons seront remboursables à sa caisse à présentation, mais seulement par somme de 100 francs ou multiples de 100 francs.... Ces bons furent émis et eurent cours dans les conditions que proposait la commission, après délibération du conseil municipal du 6 mars 1871. (Arrêté du maire du 30 novembre 1871.)

Le Maire : GARNIER.

F

LES VICTIMES DE LA GUERRE

1° Les otages.

Le maire, M. Garnier, fut appelé au faubourg d'Orléans au moment où les Allemands quittaient Montargis (dans leur concentration sur Beaune) et emmené sans autre forme de procès parce que les Allemands avaient vu quelques francs-tireurs au moment de leur départ, alors qu'il leur avait été dit qu'il y en avait bien eu dans la ville quelques jours auparavant, mais qu'ils s'étaient retirés.

En même temps que lui, les Allemands emmenèrent deux notables (Hœnig ne nomme que le sieur Vaublanc), MM. de Vaublanc et Léaurier. Ces deux notables (les richommes, comme les appelaient les Allemands) furent retenus pendant six semaines.

Le sous-préfet, M. Charbonnier, passa en conseil de guerre pour avoir lancé une affiche où il exhortait la population à la résistance. Ce conseil de guerre, réuni à Montargis, était présidé par un officier, dont on n'a pu me donner le grade. Le sous-préfet réclama auprès du général (?), faisant valoir que le conseil devait être présidé par un officier de grade équivalent à sa situation administrative. Il fut fait droit à sa demande, mais le résultat fut le même ; le sous-préfet fut condamné à être interné en Allemagne.

Le maire fut interné à Glogau. Le maire et le sous-préfet ne rentrèrent en France que vers la fin de 1871.

2° Habitants victimes de la guerre.

Morts : 20.

Trois francs-tireurs furent pris et fusillés sur le Pâtis :

Grosdemange (C.-F.), 31 ans, né à Saint-Dié ;

Binon, sergent-fourrier, domicilié à Nèvers ;

Gros, soldat, domicilié à Nevers.

L'acte de décès porte : « Décédés à Montargis, promenade du Pâtis, le 6 décembre, à 3 heures soir. »

TABLE DES MATIÈRES.

L'invasion de 1814 à Montargis.

Pages.

L'invasion de 1815.

L'invasion de 1870.

Paris et Limoges. — Imprimerie et librairie militaires Henri CHARLES-LAVAUZELLE

GUERRE DE 1870. — **La première armée de l'Est,** reconstitution exacte et détaillée de petits combats, avec cartes et croquis, par le commandant Xavier EUVRARD, chef de bataillon breveté, professeur de tactique à l'Ecole supérieure de guerre. — Volume grand in-8° de 268 p....... 6 »

CAMPAGNE DE 1870-71. — **Le 13° corps dans les Ardennes et dans l'Aisne,** ses opérations et celles des corps allemands opposés. Etude faite par le capitaine breveté VAIMBOIS, de l'état-major de la 10° division d'infanterie. — Volume in-8° de 224 pages.......................... 3 50

De Bourges à Villersexel (20 *décembre* 1870 — 10 *janvier* 1871), par Georges GUIONIC, chef de bataillon breveté au 69° régiment d'infanterie. — Volume in 8° de 268 pages avec 8 croquis et 1 carte d'ensemble..... 4 »

Journées critiques. — Crise de Vionville : *Actes d'initiative des commandants de corps d'armée, des états-majors et d'autres chefs en sous-ordre, dans les journées des* 15 *et* 16 *août* 1870, par le colonel CARDINAL DE WIDDERN, traduit de l'allemand par le commandant RICHERT. — Volume in-8° de 244 pages, avec 2 croquis dans le texte et 1 carte hors texte (70×66cm) des environs de Metz.. 4 »

La défense de Belfort, écrite sous le contrôle de M. le colonel Denfert-Rochereau, par MM. Edouard THIERS, capitaine du génie, et S. DE LA LAURENCIE, capitaine d'artillerie, anciens élèves de l'Ecole polytechnique, de la garnison de Belfort (5° édition). — Volume in-8° de 420 p., avec trois cartes et plans en couleurs hors texte.......................... 7 50

Les défenseurs du fort d'Issy et le bombardement de Paris (1870-71), par le capitaine GAUTEREAU, de l'artillerie territoriale, ancien caporal au 4e bataillon des gardes mobiles de la Seine. — Volume grand in-8° de 272 pages avec 12 gravures ou croquis.......................... 7 50

Bitche et ses défenseurs (1870-1871). *Hommage au colonel Teyssier, souvenir à l'Alsace-Lorraine,* par Eugène GUESQUIN, ex-pharmacien, aide-major délégué de la ville de Bitche. — Vol. in-8° de 504 p., avec 77 photogravures dans le texte et une carte.......................... 7 50

Le siège de Phalsbourg en 1870, par le lieut.-colonel breveté HOLLENDER. — Vol. in-8° de 114 p., avec 6 plans, croquis et grav. diverses.. 2 50

L'ambulance de la division Abel Douay en 1870 (*Wissembourg-Reichshoffen*), par le docteur Paul DAUVÉ, médecin inspecteur du cadre de réserve. — Brochure in-8° de 28 pages.......................... » 75

Le maréchal Bazaine pouvait-il, en 1870, sauver la France ? par Ch. KUNTZ, major (H. S.), traduit par le colonel d'infanterie E. GIRARD. — Vol. in-8° de 248 p., avec une carte hors texte des environs de Metz.. 4 »

La légende de Moltke, par Karl BLEIBTREU. Contribution critique à l'histoire de la guerre de 1870; traduit de l'allemand avec l'autorisation de l'auteur, par P.-A. VÉLING, capitaine au 26e bataillon de chasseurs. — Volume in-8° de 224 pages.......................... 3 »

A l'armée du Rhin (1870-1871), *Lettres d'un officier,* par Hubert KLOTZ. — Brochure in-8° de 30 pages.......................... » 75

ÉTUDES DE TACTIQUE APPLIQUÉE. — **L'attaque de Saint-Privat** (18 août 1870), par Pierre LEHAUTCOURT. — Volume in-8° de 112 pages, avec un croquis dans le texte.......................... 2 50

ÉTUDES DE TACTIQUE APPLIQUÉE. — **Bataille de Bapaume** (2 et 3 janvier 1871), par Pierre LEHAUTCOURT. — Brochure in-8° de 68 pages.. 1 50

Campagne de 1870-1871. — Souvenirs d'un officier de lanciers, par le commandant URDY. — Volume in-8° de 232 pages.......................... 4 »

Sedan. — Le dernier coup de feu (3° bataillon du 3e régiment de marche). Un épisode de la belle résistance du 12° corps à la bataille de Sedan. — Brochure in-8° de 32 pages.......................... 1 »

Guerre franco-allemande de 1870-71, par le commandant Ch. ROMAGNY, ancien professeur de tactique et d'histoire à l'Ecole militaire d'infanterie. — Gr. in-8° de 392 pages, avec un atlas de 30 cartes-croquis.... 7 50

La guerre franco-allemande de 1870-1871. Histoire politique, diplomatique et militaire, par A. WACHTER (édition remaniée et augmentée).

TOME I. — *De la déclaration de guerre à la chute de l'Empire.* — Fort vol. grand in-8° de 460 p.................................... 5 »

TOME II — *De la chute de l'Empire à l'armistice du 28 janvier 1871.* — Fort vol. grand in-8° de 492 p.................................... 5 »

ATLAS contenant 10 cartes grand format, en couleurs, des théâtres d'opérations.................................... 5 »

Correspondance militaire du maréchal de Moltke. GUERRE DE 1870-1871 (*seule traduction française autorisée.*)

1er VOLUME. — **La guerre jusqu'à la bataille de Sedan.** — Grand in-8° de XX + 352 p., 3 croquis, 1 carte en noir et 1 fac-simile hors texte. 12 »

2e VOLUME. — **Du 3 septembre 1870 au 27 janvier 1871.** — Grand in 8° de XXVII + 348 p.................................... 10 »

3e VOLUME. — **L'armistice et la paix.** Grand in-8° de XXII + 316 p. 10 »

4e VOLUME. — **Guerre de 1864.** Grand in-8° de XIV + 340 p...... 10 »

5e VOLUME. — **Guerre de 1866.** Grand in-8° de XXVIII + 530 p...... 16 »

Sans armée (1870-1871), *souvenirs d'un capitaine,* par le commandant KANAPPE. — Volume in-8° de 336 pages.................................... 3 50

Les vaillantes chevauchées de la cavalerie française pendant la guerre franco-allemande de 1870-1871, par Louis YVERT. Ouvrage précédé d'une lettre autographe de M. le général DE GALLIFFET. — Volume in-8° de 224 pages.................................... 3 »

La brigade Bellecourt à l'armée du Rhin (Des attaques en masse au ravin de la Cuve, à Vernéville, à Servigny), par le colonel DE COURSON DE LA VILLENEUVE, commandant le 13e d'infanterie. — Volume in-8° de 140 pages, avec 4 cartes.................................... 3 50

GUERRE DE 1870-1871. — **Le combat de Peltre-sous-Metz** (27 septembre 1870), par un officier de l'armée du Rhin. — Brochure in-8° de 34 pages, avec 1 carte hors texte.................................... 1 50

L'armée de Metz, 1870, par le colonel THOMAS. — Volume in-8° de 252 pages orné d'un portrait et de deux cartes, broché.................................... 3 »

Les combats autour de Metz en 1870 pendant le blocus et leurs enseignements tactiques, par le major WALDOR DE HEUSCH, ancien professeur d'art et d'histoire militaires à l'Ecole militaire de Bruxelles. (Extrait de la *Revue de l'Armée Belge*). — In-18 de 96 p., 3 croq. h. texte.......... 2 50

Le 4e corps de l'armée de Metz (19 juillet-27 octobre 1870), par le lieutenant-colonel breveté ROUSSET, professeur de tactique appliquée à l'Ecole supérieure de guerre. — Vol. grand in-8° de 384 pages avec un portrait en héliogravure du général de Ladmirault et cinq cartes h. texte.......... 7 50

La défense nationale dans le Nord, en 1870-71, *Recueil méthodique de documents,* par Camille LÉVI, chef de bataillon breveté. — Vol. in-8° de 706 pages avec un croquis dans le texte et deux grandes cartes hors texte.................................... 7 50

La France et l'Allemagne devant le droit international pendant les opérations militaires de la guerre de 1870-71, par le lieutenant Amédée BRENET, des chasseurs alpins, docteur en droit, avec une préface du capitaine DANRIT. — Volume in-8° de 308 pages.................................... 7 »

Souvenirs personnels de Verdy du Vernois, au grand quartier général 1870-71, par SOUBISE. — Volume in-8° de 304 pages.................................... 5 »

www.ingramcontent.com/pod-product-compliance
Ingram Content Group UK Ltd.
Pitfield, Milton Keynes, MK11 3LW, UK
UKHW020159200726
13856UKWH00003B/1086

9 782011 92826